PER CHI BEVE CAFFÈ AMARO

Lucia Moreschi

Youcanprint *Self-Publishing*

Titolo | Per chi beve caffè amaro
Autore | Lucia Moreschi
ISBN | 978-88-27811-35-1

Youcanprint Self-Publishing

Via Roma, 73 - 73039 Tricase (LE) - Italy
www.youcanprint.it
info@youcanprint.it
Facebook: facebook.com/youcanprint.it
Twitter: twitter.com/youcanprintit

LUCIA MORESCHI, nata a Edolo (Bs) il 20/04/1983, nutre da sempre una passione per la scrittura e la filosofia esoterica. Attualmente libera professionista nel settore del benessere, considera il contatto umano come fondamentale per una maggior comprensione reciproca.

Il suo motto è: "Annulliamo le ingiustizie e valorizziamo le differenze".

INDICE

PREFAZIONE

PER CHI BEVE CAFFÈ AMARO

Alex ha trentaquattro anni e lavora come massaggiatrice freelance in una bellissima e lussuosa Spa. Ha una dolce e amorevole compagna di nome Cloe, una ragazza che la spalleggia, la ama incondizionatamente e cerca sempre di essere al suo fianco, qualsiasi cosa accada.

Le due ragazze vivono in una casa accogliente e dividono le loro giornate con Fumé, una tenerissima lupacchiotta dal manto grigio fumo, allegra e disponibile come solo gli amici a quattro zampe sanno essere.

Quello che sembra un quadro idilliaco però, nasconde delle ombre che vanno a rendere cupa l'esistenza di Alex.

La giovane donna soffre infatti di attacchi di panico. Una paura incontrollata che prende possesso del corpo e della mente di Alex, la quale, scaraventata nell'abisso delle sue angosce, si trova a vivere un'esperienza dolorosa che assomiglia quasi a un attacco cardiaco in piena regola.

Il cuore impazzisce, il fiato diventa corto, la vista si offusca e il terrore sale nella gola, come un rigurgito acido: con questa sequela di sensazioni, gli attacchi di panico di Alex diventano un vero e proprio spauracchio per la ragazza.

Spauracchio che assume una connotazione ben precisa, contorni definiti, un volto e una personalità: Mr. Black. È così che Alex vede il suo mostro personale, la bestia nera con cui – volente nolente – deve fronteggiarsi, colui che tenta di ghermirla e stringerla nella sua morsa di paura e dolore.

Si insinua però nella mente di Alex l'idea di non star bene, di avere qualcosa di difettato proprio nel cuore. Così, spalleggiata dall'inseparabile Cloe, inizia un piccolo peregrinaggio tra medici ed esami di accertamento.

E se piuttosto che attacchi di panico si trattasse di qualche patologia letale?

Mentre la vita di Alex scorre, ritmata dal lavoro, dalla vita personale e dalle ansie che la stritolano sempre di più, una e-mail piuttosto insolita carpisce la sua attenzione: "Chi sei veramente?" il lapidario testo.

Tre semplici parole, una domanda paradossale e un mittente sconosciuto. Da questo momento e in modi del tutto inaspettati, la vita di Alex comincia lentamente, ma inesorabilmente, a cambiare.

Chi le ha scritto quella e-mail assurda? Si tratta solo di una stramba tecnica di marketing di qualche corso di meditazione yoga, oppure c'è dell'altro?

Con queste martellanti domande che le frullano nella testa, Alex inizia un percorso riflessivo estremamente intenso e affascinante. Un percorso che la vedrà duellare con il temibile Mr. Black e interloquire con il misterioso mittente delle e-mail.

Un percorso che conduce il lettore attraverso un sentiero fatto di luci e ombre, di scoperte e di conoscenza allo stato puro.

Tutti i contenuti di natura filosofica riportati nel libro sono ispirati all'insegnamento del *Cerchio Firenze 77*, in particolare ad alcuni testi appartenenti alla collana edita da Edizioni Mediterranee.

I titoli dei libri relativi all'insegnamento di cui sopra sono i seguenti:

"Dai mondi invisibili (incontri e colloqui)".

"Oltre l'illusione (dalle apparenze alla realtà)".

"Per un mondo migliore (un insegnamento per l'Umanità di oggi e di domani)".

"Le grandi verità ricercate dall'uomo".

"La fonte preziosa (rivelazioni sull'Assoluto)" a cura di Luciana Campani Setti.

Ci sono cose che non si possono descrivere.

Ci sono momenti che nemmeno volendo riusciresti a far capire con la stessa improvvisa emozione che hai vissuto.

C'è sempre qualcuno che ti sta davanti e con sguardo curioso, compassionevole o divertito ti chiede di descrivere quei momenti, quelle sensazioni, ma tu proprio non ci riesci.

Al limite ti soffermi a qualcosa di appena abbozzato e cerchi di riempire di parole ed emozioni quelle descrizioni, ma nello sguardo dell'altro trovi davvero la comprensione che tanto vorresti? Proprio di quei momenti è fatta un'intera vita.

Proprio di quella vita, fatta d'istantanee, riflessioni e traguardi, voglio parlare ora.

ATTACCO DI PANICO

L'autostrada era piena zeppa di camion e autoarticolati.
Decine di auto erano pronte a sfrecciare alla velocità della luce come se facessero a gara tra loro per aggiudicarsi il premio del migliore.
Ad Alex tutto questo gran sbandierare la propria superiorità dava fastidio, al punto che guidava perennemente in seconda corsia senza spostarsi di un millimetro, proprio per dar noia a quegli esseri senza pazienza e senza cervello che le facevano i fari da dietro.
"Col cavolo che mi sposto, la strada non è tua!" imprecava nell'abitacolo della sua Alfa rossa vecchio modello, che faceva ancora una gran bella figura.
Guidava per circa un'ora prima di arrivare al lavoro e ormai erano quasi quattro anni che faceva quella strada, tra il traffico del weekend e quello, ancora più temibile, di ponti e festività.
Il suo lavoro era a diretto contatto con la gente, in una bellissima Spa termale situata in una location turistica e storica di rara bellezza.
Dopo tanti anni di studio e pratica era riuscita a trovare quel bel posticino che la ospitava come massaggiatrice freelance.
Offriva alla struttura le sue disponibilità in termini di giorni e lavorava per loro massaggiando la gente.
Non sapeva quanto questa lunga avventura sarebbe durata, perché non poteva conoscere gli sviluppi degli eventi, i suoi imprevisti e le decisioni di chi si occupava di gestire l'azienda per cui lavorava. Si limitava a vivere giorno per giorno, cercando di fare quel lavoro al massimo delle sue possibilità, con la passione che la contraddistingueva e la capacità di ascolto necessaria per approcciarsi a quel tipo di

mondo.

All'inizio ne era entusiasta, piena di energia, felice di fare delle mani lo strumento principe che la portasse a toccare, sentire e interpretare. Uno strumento essenziale e umano che apriva le porte a qualcosa di più profondo.

Forse un giorno quel posto sarebbe stato solo un ricordo, una collezione di esperienze. Per decisione sua o forse, di altri.

Quello di cui si sentiva certa era che ora intuiva farsi strada un cambiamento, qualcosa di inevitabile che la spingeva in territori non ben conosciuti e che coinvolgeva la sua intera vita. Aveva bisogno di stimoli, di credere di avere ancora un senso, di riuscire a percepirsi con quella leggerezza che non le era propria.

Il suo nome era Alex, un nome ambiguo perché veniva scambiato spesso per quello di un ragazzo. Le si addiceva bene dato che per sua natura si sentiva androgina e non eccessivamente femminile, almeno non nel modo in cui venivano spesso etichettate le donne. Il suo era un essere sé stessa nonostante i condizionamenti che imponeva la società, decisamente troppo stretti per lei. Con questo modo di procedere aveva costruito la sua vita, seguendo sempre ciò che più sentiva e sentendosi il solito cigno nero in mezzo a una moltitudine di cigni bianchi. Era felice comunque di essere giunta a quel punto della sua vita senza sentire la necessità di uniformarsi a tutti gli altri.

Mentre guidava ascoltando la radio si portò una mano alla gola, con le solite due dita a tastare la carotide di destra e di sinistra, nella speranza di sentire il suo cuore battere normalmente, quel "normalmente" che non era né troppo forte, né troppo piano.

Un sorriso amaro si fece strada sul suo viso appuntito e magro.

"Se solo qualcuno mi vedesse".

Ma era sola, con la strada davanti, il sole pallido di ottobre a preannunciare l'inverno alle porte e la musica dolce che proveniva dalla radio, una musica che riusciva a portarla in una dimensione di pensiero più rilassata e forse anche un po' mistica.

Alle porte del parcheggio strisciò la tessera degli abbonati per entrare e con una manovra a scatto curvò la sua Alfa verso sinistra, mostrandone il profilo migliore.

Ecco che stava per iniziare una nuova e lunghissima giornata di lavoro e come sempre Alex si augurava di tornare tutta intera.

In effetti, dopo quello che era successo proprio al lavoro, aveva paura perfino di percorrere la strada a piedi per arrivare fino alla Spa.

Qualche giorno prima, mentre massaggiava un'adorabile signora sui settanta che non stava zitta un secondo, aveva avuto quello che ultimamente conosceva fin troppo bene come episodio di panico.

Ne soffriva da mesi, ma aveva cercato stoicamente di controllarli e gestirli, indagando la causa per cui si erano scatenati e mettendo in campo tutta sé stessa in un incessante processo di autoanalisi. Evidentemente non era bastato a tenerli lontani e quel maledetto giorno al lavoro proprio non era riuscita a controllarlo.

Sta arrivando, aveva pensato in quell'istante.

Se lo sentiva salire lentamente, dai piedi alla testa. E avvertiva le mani scivolare sulla pelle della signora come avessero vita propria.

Complice l'automatismo delle tecniche di lavoro ormai consolidate da anni, ogni dito si muoveva da sé, veloce e preciso, nei punti esatti tra le storture anatomiche di una schiena piena di contratture e tessuto connettivo ormai irremovibile.

Nulla avrebbe fatto pensare alla signora che in quel momento Alex non era affatto in sé.

Respirava in modo affannoso e il cuore era irrimediabilmente accelerato, fino a sentirlo in gola, e ancora più su, in testa, tra le meningi, dietro agli occhi, a pulsare come a farli schizzare fuori dalle orbite.

Una paura incontrollata, atavica, prese possesso del suo corpo e della sua mente, un terrore che la faceva tremare dentro e fuori, lasciando indenni le mani.

Loro erano ferme e determinate, come due chirurghi concentrati a recidere un lembo di tessuto malato.

Solo quando dovette fermarle iniziò a tremare convulsivamente e fu allora che si accorse che era già troppo tardi. Salutò a malapena la signora e si precipitò con la sua collega Cloe, compagna di lavoro e di vita da anni, a chiedere aiuto.

Cloe la sosteneva cingendole il bacino, sussurrandole parole di conforto ma Alex percepiva solo echi distanti. Gli spazi delle stanze intorno sembravano lontani, sconfinati e irreali.

Sono un lupo sull'orlo di un abisso, pensava tra sé, *e sto morendo*.

Guardava negli occhi di Cloe attraversati da preoccupazione e dolore, ma anche da quella fermezza che le permetteva di appoggiarsi, di cercare di ascoltare, nonostante il frastuono che in quel momento si faceva strada nel suo corpo e nella sua mente.

Insieme si affacciarono alla porta dell'ufficio della direttrice. Alex con una mano sul petto, il terrore a scolpirle il viso, e Cloe da qualche parte accanto a lei.

Poi fu tutto molto veloce, la sensazione della mano della direttrice sulla schiena, l'accesso all'infermeria, tante persone intorno.

Si ritrovò distesa sul lettino dell'infermeria, il fiato corto, il cuore impazzito, la paura che faceva tremare tutto e le voci che parlavano nell'aria, ma le risuonavano lontane. Rispondeva alle domande, ma con qualche secondo di ritardo, perché tutto le arrivava dopo, tutto era come offuscato dal terrore, il terrore di morire.

Poi i medici, l'ambulanza, gli elettrodi al petto, il viaggio verso l'ospedale, le luci al neon di quei corridoi sempre troppo freddi per accogliere chi stava male.

Aveva visto tanti occhi quel giorno, tutti umani, tutti con quel velo di dolore che li faceva sembrare così vicini, come volessero provare a capire.

Avrebbe voluto abbracciare tutti e dire a ognuno di loro: "Non lasciarmi andare via, tienimi vicino, perché forse se mi abbracci, riesco a non morire".

Avrebbe voluto andare dalla direttrice che quel giorno le aveva dimostrato una vera vicinanza, per poterle dire: "Grazie, ho avuto modo di vedere anche i tuoi occhi e non dimenticherò la bellezza che ci ho visto".

Un lungo pianto quel giorno mise fine a quell'interminabile angoscia.

Uscita dal pronto soccorso con accanto Cloe, stringeva tra le mani un fascicolo con esami del sangue, ECG e altro, tutto perfettamente nella norma.

Ma Alex sapeva che quella norma non era affatto norma, che c'era un mostro dentro di lei che la divorava pezzo per pezzo e ora si stava divertendo a gustare il suo cuore.

Restava solo da capire come arginare quel mostro, o come farselo amico, per poter continuare a vivere.

In auto verso casa quella sera Alex era più sfinita che mai e già pensava alle strategie per mettere in gabbia il mostro, Mr. Black.

Pochi giorni dopo eccola di nuovo pronta a lavorare su corpi di ogni forma e dimensione, ma con lo spiacevole ricordo di quel momento che l'aveva segnata più di altri, che era stato l'apice del terrore venuto alla luce con prepotenza e tenacia. Un'autentica morsa di dolore.
Si voltò un attimo facendo scattare il telecomando automatico dell'Alfa e s'incamminò a piedi respirando l'aria autunnale di ottobre.
Oggi era sola, Cloe era rimasta a casa a lavorare. Avere tutte quelle ore davanti senza di lei la metteva un po' in apprensione.
Con una mano tastò la tasca laterale dello zaino che portava sempre con sé e avvertì la sporgenza appuntita della scatola di ansiolitico che le aveva prescritto il medico.

Cinque gocce di questa roba e mi sento come fatta, pensò, *sicuramente oggi non mi capita.*

UN PEZZO DI CUORE

Pochi giorni dopo eccola in coda allo sportello per pagare il ticket di un esame cui teneva particolarmente: un'ecocardiografia color doppler a riposo.

Il medico curante aveva emesso una ricetta con priorità breve e grazie a quella era riuscita a prenotare l'esame il prima possibile.

Con una smania di controllo che somigliava tanto a un'ossessione, teneva il pollice sull'arteria radiale del braccio sinistro, sempre pronto a far da misuratore ai battiti di un cuore che ultimamente sembrava impazzito.

Uno sguardo allo specchio del bagno prima di essere chiamata per la visita le restituì un paio di occhi verdi con qualche sfumatura nocciola che somigliavano a quelli di un bambino in attesa di essere interrogato.

Il mio cuore starà bene?, si chiedeva silenziosamente, lasciando aleggiare nell'aria questo pensiero, come volesse affidarlo a quella parte di domande le cui risposte rimangono in sospeso.

Cloe come sempre le stava accanto, stringendole la mano e cercando parole rassicuranti che in quel momento avevano ben poco effetto.

Ma la sua vicinanza cambiava comunque radicalmente tutta la prospettiva.

Ecco il suo nome scandito lentamente dall'infermiera affacciata alla porta dello studio: "Signorina Alex", seguito da un sorriso accogliente, cosa che le sembrava strana da parte del personale di un ospedale, infatti la sua esperienza le diceva ben altro.

Si alzò con uno scatto dalla sedia di plastica grigia del corridoio e s'incamminò velocemente verso quella porta spalancata ad accoglierla, dalla quale s'intravedeva lo sfondo scuro della stanza. "Prego, si spogli e si sdrai sul lettino, quasi come in una Spa" disse sorridendo l'infermiera.

Rispose al sorriso chiedendosi se le si leggeva in faccia che in una Spa ci lavorava davvero e con sguardo compiaciuto si preparò a sdraiarsi.

Pochi istanti più tardi si trovò in decubito laterale sinistro con una sonda freddissima che le scivolava lentamente sulle costole, facendo anche un po' male.

Le sembrava di respirare poco, ma forse era solo ansia.

La dottoressa seduta accanto scrutava attentamente il monitor che emetteva suoni strani e fischi pericolosamente spaventosi, somiglianti alla colonna sonora di qualche film horror.

"Ora le dico tutto" disse con aria distante, ma tutto sommato rassicurante.

Alex cercava di stare più immobile che poteva, pur lottando con la scomodità della posizione e con il terribile presentimento di una catastrofe imminente.

No no, stai tranquilla, ripeteva mentalmente come un mantra e mentre puntava gli occhi davanti a sé, osservava il mobile davanti. Era pieno zeppo di scatole bianchissime di medicinali e grossi volumi di cardiologia.

Avrei voluto fare la cardiochirurga, pensò quasi distrattamente, ma sapeva che quel pensiero fugace diceva la verità, una verità che non avrebbe mai più potuto raggiungere.

Ebbene sì, avrebbe tanto voluto fare il medico e specializzarsi in cardiochirurgia.

Peccato che a volte la vita regala percorsi diversi e scelte alternative, anche se la sua scelta alternativa pensava non fosse affatto male.

Aveva comunque trovato il modo di intervenire sui corpi, ma stando più in superficie, almeno a livello anatomico, anche se poi sapeva che massaggiare un corpo era come decifrare la cartina dettagliata non solo di un organismo, ma anche di qualcuno che lo abitava.

Forse riparare pezzi di miocardio avrebbe potuto farla sentire più importante, più realizzata, ma per toccare veramente qualcuno sapeva di non aver bisogno di nessun bisturi, ma solo delle sue mani. E si fidava delle sue mani, più di qualsiasi altra cosa.

"Mmm, dunque" disse con fare solenne la dottoressa, appollaiata come un gallo sopra un altissimo sgabello girevole.

Dai, forza, dimmi che sto per morire e la finiamo qua, pensò, mentre il braccio sinistro schiacciato sotto la testa ormai non dava più alcun segno di vita.

"Ha avuto tante extrasistole vero?" disse in tono quasi vittorioso la dottoressa.

"Sì, ne ho avute, ma le ho più o meno da sempre" rispose Alex presa un po' alla sprovvista da quella domanda tanto strana quanto preoccupante.

Il pensiero le andò veloce al fastidio che avvertiva ogni volta che aveva a che fare con qualcuno troppo concentrato a sfoggiare la propria bravura.

Quanto la innervosiva questo esibizionismo, anche se la dottoressa che aveva di fronte le dava una sensazione mista, tutto sommato neutra con qualche punta di tronfio egocentrismo.

Del tipo: "Sì, sono molto brava, ma posso mostrarlo senza calcare troppo la mano".

"Allora signorina, lei ha un lieve prolasso della valvola mitrale, quella piccola valvolina che separa l'atrio sinistro del cuore dal ventricolo sinistro. Nulla di preoccupante, può benissimo continuare normalmente la sua vita, perché è un fatto congenito".

In quell'istante la stanza diventò tutta bianca, il respiro aumentò e il cuore saltò un battito.

"Per il resto è tutto nella norma, può rivestirsi".
Come? Cosa? Lei se ne sta lì tranquilla seduta sopra uno sgabello consumato, con un camice che ormai di bianco ha ben poco, a dirmi una cosa del genere?, pensò Alex, sbigottita dalla calma della dottoressa, con un fare misto tra il freddo, l'egocentrico e forse nessun motivo reale per allarmarsi. Mentre nella mente di Alex galoppavano cavalli purosangue impazziti.
Stranamente riuscì a controllare il suo crescente stato di agitazione e si rimise seduta a osservare il dito bianco della dottoressa indicare un punto preciso sullo schermo, dov'era immortalata la sua piccola valvola cardiaca.
Il cuore pulsava riprodotto in immagini grigio bluastre e la piccola virgoletta si apriva e si chiudeva a ogni contrazione.
"Ecco, vede, proprio qui. La sua valvola è nata con un piccolo difetto. Generalmente dovrebbe avere un aspetto morfologico più lineare, mentre nel suo caso ha una forma un po' più curva del normale.
Per cui al momento della sua chiusura, una piccola frazione di sangue fa un percorso a ritroso e ritorna nell'atrio sinistro. Questo processo si chiama rigurgito mitralico. Deve sapere che il percorso del sangue nel cuore va dall'atrio sinistro al ventricolo sinistro, da dove poi, con l'aorta, viene veicolato a tutto l'organismo" e fece una pausa a effetto per guadagnare punti e considerazione.
Alex annuiva pur conoscendo perfettamente tutta l'anatomia del cuore e dei vasi, ma in quel momento apprezzava una spiegazione. Anzi, la bramava.
La dottoressa continuò: "La sua valvola mitrale non sigilla perfettamente lo spazio tra atrio e ventricolo sinistro, proprio per la sua forma, che è congenita. Presenta quindi un piccolo difetto, una lieve insufficienza. Resta il fatto che può comunque fare attivi-

tà fisica e svolgere normalmente la sua vita, perché non è una condizione patologica. Dovrà stare attenta solo se contrae qualche infezione o se subirà un intervento, perché il suo cuore è più sensibile di altri e potrebbe contrarre un'endocardite batterica, cioè un'infezione che può metterla a rischio".

Ecco, sapevo che qualcosa c'era, continuava a macchinare la sua mente, troppo presa dal non perdersi nemmeno una parola per paura di ritrovarsi senza terra sotto i piedi.

Si rialzò dal lettino e la sensazione di estraneità che le aveva giocato l'ansia era ormai svanita.

Tutto sotto controllo, per il momento, anche se sapere di avere quella piccola anomalia congenita aveva cambiato la sua consapevolezza, come avesse mutato la sua identità e il suo aspetto.

Un aspetto che non aveva natura esteriore. Avanzava facendosi strada rapidissimo tra le pieghe e le vie della mente, coinvolgendo qualcosa di più profondo ancora, al quale non riusciva a dare un nome. Era diversa ora, mentre si alzava dal lettino e con gli occhi inumiditi ma ben nascosti, si preparava a fare alla dottoressa un'ultima domanda: "Senta, ultimamente ho avuto un accesso al pronto soccorso a causa di una crisi di panico accompagnata da dolore toracico. Ora il dolore si localizza nella parte sinistra del corpo" con la mano destra indicò esattamente il punto. "È un dolore che conosco da mesi, se non addirittura anni e a volte scende, intorpidendo anche la gamba sinistra. Ultimamente è molto peggiorato, forse per le posture che assumo al lavoro, oppure" fece una pausa che sembrò durare un'eternità, un lasso di tempo che non aveva tempo, poiché sembrava immobile, l'anticamera di un pensiero ossessivo che la tormentava, "oppure perché si potrebbe trattare di una problematica cardiaca dovuta alla mia insufficienza mitralica?"

Si guardarono negli occhi fissandosi brevemente, il

tempo adatto per far sedimentare le parole.

Poi la dottoressa alzò una mano, la stessa di prima, pallida, con un anello d'oro bianco portato all'indice e disse: "Escluderei un problema cardiaco, considerato che ha questo dolore da anni e che coinvolge anche la gamba. Probabilmente necessita di altri accertamenti come una risonanza alla colonna vertebrale e una tac all'encefalo per escludere problemi neurologici".

Pochi minuti, una stretta di mano come saluto e si ritrovò una cartella gialla e ruvida tra le mani, con il suo nome stampato in copertina.

Dentro la cartella, tante piccole immagini del suo cuore in formato ridotto, con un segnetto blu a indicare la piccola valvola difettata, una farfallina tanto microscopica quanto importante.

Una volta uscita dalla stanza incontrò gli occhi preoccupati di Cloe in corridoio.

"Sei stata in ambulatorio tantissimo, ero preoccupata" le disse, sgranando gli occhi e muovendo una mano fino a toccarle i capelli.

"No, tranquilla, mi hanno fatto aspettare, e poi ho voluto chiarire una questione" rispose Alex, pronta a raccontarle tutto fin nei minimi dettagli.

"Quale questione?" la preoccupazione nella voce di Cloe era diventata qualcosa di palpabile, di consistente.

Occuparono le prime due sedie in corridoio, mentre la gente passava con la fretta di chi è in ritardo a un appuntamento, o con l'angoscia di dover fare una visita poco piacevole. Tutti noncuranti di loro e noncuranti perfino di loro stessi, presi com'erano dall'ansia di quel momento.

In breve Alex spiegò tutto a Cloe, indicandole il referto e cercando di tranquillizzarla.

"Ma sì, dai, nulla di grave. Hai trentaquattro anni e non te ne sei mai accorta. Dobbiamo continuare a fare anche altri accertamenti" disse Cloe, cercando di dare quel senso di tranquillità che la sua voce tradiva tremando leggermente. "Sì, certo" nel pronunciare quelle due sole parole qualcosa le si strozzò in gola e le salì il pianto fermandosi agli occhi, dove trovò la barriera delle ciglia che con caparbietà si impegnavano a non farne uscire nemmeno una goccia.

La mano di Cloe si allungò calda verso quella più fredda e tremante di Alex. Si strinsero piano, riconoscendosi l'una nell'altra come avevano sempre fatto e insieme si avviarono verso il bagno più vicino, per cercare in quel luogo asettico e anonimo un momento di intimità.

Aperta la porta scorrevole del bagno, un forte odore di disinfettante colpì duramente le narici di Alex, provocandole una fitta dolorosa alla testa. Ma non importava, aveva bisogno di quel momento, anche se si fosse trovata in una fossa radioattiva nascosta da qualche parte, ma separata dal resto del mondo. Pianse sulla spalla di Cloe dando voce a tutte quelle emozioni, a quei contrasti che tanto spingevano dentro e che non erano visibili fuori.

A quel dolore sordo che non riguardava solo la consapevolezza di essere parte della popolazione con le valvole del cuore difettate, ma che era ben più ampio, più profondo.

Riguardava la sua intera vita, il suo sentirsi di esistere e il modo in cui partecipava a questo sentire di essere viva.

Pianse come se non ci fosse un domani e con un fazzolettino bianco di carta si asciugò gli occhi sporchi di trucco ormai sciolto.

Pochi istanti dopo prese un bel respiro e si diede una sciacquata di acqua fresca al viso, sentendosi come nuova.

Si lasciò guidare dalle mani di Cloe fuori da lì, dalle luci troppo forti di quel posto dove si decideva della vita e della morte della gente, dove a volte si davano notizie terribili che avrebbero messo fine a un'esistenza o al contrario, dove si poteva donare speranza e una nuova voglia di andare avanti.

Camminando verso l'auto i tacchi degli stivaletti leggeri di pelle beige facevano rumore, ma era un rumore piacevole, quasi un ritmo perfetto. Alex diede un'occhiata alla borsa a tracolla e vide il piccolo led blu del cellulare lampeggiare a intermittenza. Sapeva che il led blu si attivava solo in caso di e-mail non lette. "Guarderò più tardi" si disse, aprendo la portiera della macchina e scoprendo che, nonostante fosse ottobre, la temperatura era rovente. Con un gesto d'impazienza si tolse il maglioncino di cotone e il foulard, scaraventando tutto sul sedile posteriore dell'auto.

"Dove andiamo a pranzo?" disse a Cloe, sorridendo al massimo delle sue possibilità e cercando nel sole di quel giorno e nell'azzurro terso di quel cielo tutta la voglia di vivere che sapeva ancora di avere.

PER CHI BEVE CAFFÈ AMARO

L'aria frizzante d'autunno le sfiorava i capelli e le guance, come a volerla accarezzare.

Si trovava seduta sopra una panchina di legno consumata dal tempo e dalle stagioni, nel mezzo della riserva naturale di verde vicino a casa.

La brezza di quelle ore che volgevano verso il tramonto era piacevole ma allo stesso tempo fastidiosa. Si strinse la sciarpa attorno al collo, lasciando penzolare un lembo di tessuto viola sul petto e alzò gli occhi al cielo per scrutare le forme curiose delle nuvole bianche.

Nel palmo della mano destra stringeva il cellulare, compagno fedele di tanti momenti in solitaria, una porta aperta sul mondo. Quello strumento veniva spesso usato come mezzo per stabilire un qualsiasi contatto con i propri simili e ormai poteva sostituire le normali relazioni di una vita, anche se mai e poi mai avrebbe potuto rimpiazzare uno sguardo, un tono di voce e un abbraccio.

Lo stringeva pensierosa, restando in silenzio ad ascoltare i rumori della natura.

Pensava a quella stupida e-mail dall'intestazione azzurra, a quel messaggio strano che aveva cercato di cestinare, spostandolo nella cartella degli spam, e che poi aveva riesumato perché continuava ad averlo come pensiero fisso.

La sera che l'aveva aperto era seduta al tavolo della cucina e si stava gustando una tazza di caffè amaro, come le piaceva da sempre.

Amaro come la vita che aveva vissuto fino ad allora, come il senso delle cose che mai era riuscita a spiegarsi e come quel periodo strano che stava passando, in cui aveva paura di morire e, forse, anche di vivere.

Non a tutti piaceva il caffè amaro, nero e bollente.

Alex pensava avesse la capacità di profumare qualsiasi stanza, inebriando i sensi.
Aveva quel qualcosa in più di una normale bevanda.
Era incredibilmente sincero, vero e diretto, come lei, come la vita.
Niente zucchero grazie, le esperienze le voleva vivere nude e crude. Il caffè e la vita li voleva gustare così com'erano, senza pillole dolci a renderli migliori.
Distrattamente quella sera aprì la casella di posta per togliere il led blu che, nonostante fosse del suo colore preferito, dopo molte ore le dava noia.
Il messaggio di posta proveniva da un mittente sconosciuto. Un piccolo cerchio bianco con un punto di domanda sopra uno sfondo azzurro indicava la provenienza sconosciuta della e-mail.
"Che faccio, la apro o no?" si era chiesta, indecisa sul da farsi.
La curiosità ebbe la meglio e con il dito cliccò sul display del cellulare, aprendo il messaggio.
Una pagina bianca, troppo bianca e troppo vuota, senza alcun segno di mittente, allegato o pubblicità a fondo pagina. Solo una domanda, scritta in carattere nero corsivo, spiccava sul lato sinistro a inizio paragrafo, come nei migliori documenti di Word: *"Chi sei veramente?"*
Nessuna firma, nessun oggetto, niente di niente.
Con un movimento lento e accurato appoggiò la tazza di caffè sul tavolo, seguita dal cellulare, che mise di traverso con il display ancora acceso.
"Ma che razza di domanda è?" fu il suo primo istinto, il suo primo velocissimo pensiero.
Poi iniziò a chiedersi da dove avrebbe potuto provenire la e-mail e a quale gioco di pessimo gusto qualcuno stesse giocando.
Probabilmente si trattava di qualche software complesso studiato per attirare l'attenzione delle persone al fine di fare proposte pubblicitarie o criptare

dati sensibili.

Con un rapido movimento del dito spostò la e-mail nella cartella spam, si alzò dalla sedia stiracchiandosi per bene e mise la tazza sporca nel lavandino.

Si immobilizzò in piedi con le dita sulle carotidi, assecondando il suo tic nervoso. Contò i battiti del cuore, assicurandosi che la frequenza al minuto fosse regolare e pensando che per Natale, ammesso che fosse ancora viva, avrebbe gradito come regalo un dispositivo per ECG portatile, a patto che esistesse.

Quel pensiero la fece sorridere, anche se di un sorriso decisamente amaro, come il caffè.

Fece una carezza al cane che la osservava da un po' e con tono distratto gli disse: "Forza, andiamo a dormire".

Insieme percorsero lo spazio tra la cucina e la camera da letto, dove Cloe dormiva già da parecchio e mentre il cane si raggomitolava nella cuccia di fianco al letto, Alex ci ripensò e tornò indietro.

Fu l'inizio di una notte insonne in cui i pensieri si accavallavano tra loro senza darle tregua.

Il giorno dopo, stanca ma stranamente eccitata, si trovò all'aria aperta del parco annesso a casa, ripensando al momento della sera precedente.

Cellulare in mano, display acceso e nessuno intorno. Solo alberi, foglie secche color ambra e lo sciabordio dell'acqua del fiume che scorreva indisturbato nel suo letto di fango e sassi.

Riguardò la e-mail che aveva ripristinato e si grattò una tempia.

"Chi sei veramente?"

"E tu? Chi sei tu?" le veniva da controbattere, ma in realtà in quel momento non le importava più di tanto capire chi – o che cosa – fosse a farle quella domanda.

Le suonava invece strano avere un interesse per quella e-mail. In un altro periodo della sua vita l'a-

vrebbe semplicemente cestinata senza pensarci più. Forse se ne sarebbe persino dimenticata.
Ma ora, quella sera, quel giorno, quel particolare momento di fragilità che stava vivendo, la portavano a soffermarsi anche sulle cose più insignificanti che forse celavano un senso o le sembrava indicassero una direzione, un appiglio, un approdo sicuro.
"Chi sei veramente?"
Quante volte si era fatta questa domanda nel corso degli anni, ma le risposte risultavano sempre troppo superficiali, troppo insufficienti, almeno secondo il suo giudizio, che non era mai clemente verso sé stessa.
Mentre la mente lavorava incessantemente alla risposta di questo quesito, iniziò a pensare alla sé stessa di trentaquattro anni prima, agli albori della sua vita.
Rispolverò le sue origini, dalla famiglia che l'aveva cresciuta ed educata per poi lasciarla a un punto per loro irraggiungibile, con l'implicita e inconscia richiesta di andare avanti da sola.

Era vissuta in una famiglia composta da papà, mamma e sorella più grande, in un paesino di montagna di tremila abitanti, dove tutti sanno di tutti e non si poteva aver pace se ci si affacciava alla finestra. Circondate dal verde, Alex e sua sorella trascorrevano gran parte del tempo a giocare nel grande giardino di casa, tra cani, gatti, alberi e fiori. Peccato che per Alex le cose non fossero serene come questa semplice frase potrebbe far immaginare. In realtà non era mai stata una bambina serena. Da piccola aveva avuto disturbi del sonno fino ai cinque anni e il motivo risultava ignoto anche adesso.
Ricordava solo le crisi di pianto nel cuore della notte e le urla di sua madre che non sopportava di avere una figlia insonne. Qualunque cosa facesse rischiava già da allora di non andare bene.

Se non dormiva perché non dormiva, se piangeva perché piangeva, se vomitava la colazione era un altro problema. Era cresciuta con la concezione che la vita fosse più negativa che positiva, circondata da preoccupazioni e ansie, paure e amaro in bocca, proprio come un caffè non zuccherato. Sua sorella era più grande di sei anni e come amava dire Alex "era arrivata prima", affacciandosi a un mondo in cui le cose già cominciavano a deteriorarsi, perdendo di colore e sbiadendo poco alla volta. Quando Alex nacque, lei pulì tutto il pavimento di casa prima che sua madre tornasse dall'ospedale con Alex che somigliava a un "fagotto".
Sua sorella aveva solo sei anni e già allora iniziava a prendersi cura dei loro genitori come fosse lei stessa il genitore, assumendosi tutta la responsabilità delle sue azioni. Le mancava solo la Patria Potestà, un sigaro in bocca e l'auto aziendale per poter esercitare a pieni poteri. Più avanti, quando diventarono più grandicelle, le confessò che aveva tirato a lucido il pavimento di casa perché si aspettava di accogliere una sorellina già grande quanto lei per poterci giocare. Quando la vide mentre rigurgitava il latte dal biberon e urlava a squarciagola a causa di un incidente con il ciuccio, rimase delusa perché si accorse che era ancora piccola. Un salsicciotto con la cuffia bianca e con discrete potenzialità canore, data la potenza della sua voce. A quei tempi Alex era ancora ignara di tutto. Non che ora avesse la saggezza a portata di mano, ma a qualcosa erano serviti trentaquattro anni di vita nel tentativo di conquistare un'identità.

Quando si nasce è come cadere dal cielo, si è puri come l'aria dopo un temporale, freschi come la brezza del mare e le gioie sembrano tutte a portata, perché basta veramente poco per far felice un bambino. Ricordava che amava giocare per ore con la sua collezione di gomme colorate, organizzava intrighi e storie con le marionette, correva nel campo di granturco davanti a casa, ed era felice. Poi, qualcosa l'aveva spenta e non sapeva ancora oggi cosa fosse stato. Aveva iniziato ad avere paura di sé stessa e delle persone, a sentirsi insicura e a farsi ricoprire di ruoli che gli altri volevano attribuirle, perché voleva disperatamente che qualcuno le dicesse chi fosse. Era semplice avere chi cucisse un vestito adeguato alla sé stessa di allora, anche se magari risultava un po' troppo stretto. La parola "Adeguati!" si fece strada nella sua giovane vita prendendo esempio dalle persone che le stavano intorno e che vedeva tutte standardizzate, opache, senza un tono di personalità, così uguali da avere la stessa faccia.

Alex era figlia del professore di italiano e storia, nipote del Preside delle scuole medie inferiori e della segretaria delle stesse. Una maledizione.

Prima di lei, sua sorella dovette aprirle la strada a forza di soddisfare le aspettative di tutti: parenti, curiosi e avidi abitanti del paese stavano a osservare diligentemente il suo andamento scolastico. Per la figlia maggiore di un professore non ci si poteva aspettare meno di un Ottimo. E così era sempre stato.

Quando fu il suo turno, Alex si trovò a impazzire già dalle elementari, dove incontrò maestre severe, rigide e forse anche un po' frustrate. Soprattutto con una di esse, quella di italiano, eccelleva brillantemente al punto che lei la chiamava "luce dei miei occhi" davanti a tutti i bambini della classe, facendola sprofondare di vergogna. Le sue lezioni si alternavano tra complesse analisi logiche e temi lunghissimi. Adorava scrivere ma odiava la grammatica, anche se non osava farne parola. La matematica invece era un incubo e per quanto si sforzasse di capirla, si trasformò in un mostro pronto a

divorare tutti i suoi sforzi per conquistare l'approvazione delle figure autoritarie responsabili della sua istruzione. Numeri, conti e logica la mandarono in tilt fin da subito e la sua già compromessa autostima ebbe un nuovo declino. Ci metteva impegno per ore e ore al giorno, sottraendo energia dal serbatoio della sua spontaneità e investendo in quei calcoli di inesauribile complessità tutto ciò che di più negativo conosceva.
Iniziò a non uscire più a giocare con gli altri bambini e chiuse in soffitta la sua collezione di gomme.
Questo per lei fu il primo momento di lucida consapevolezza.

Seduta sulla panchina del parco consumata dal tempo, ripensava a quei momenti della sua infanzia, cercando di tracciare un quadro di sé stessa che potesse quantomeno essere soddisfacente, ma voleva evitare di proseguire la storia, perché andando oltre al periodo più innocente dell'infanzia iniziava il vero dolore, quello più sordo, di chi prende lentamente coscienza del proprio tormentato mondo interiore.
Quindi chi era veramente?
Era forse quell'insieme di esperienze che aveva accumulato fino a quel momento, registrando tutto nel magazzino della memoria, oppure c'era altro che poteva dare quel segno distintivo, quel marchio specifico, che poteva differenziare un essere da un altro?
Cosa davvero distingueva una persona da un'altra?
Sapeva per certo che ognuno era diverso, così come si poteva osservare dagli attributi fisici più grossolani ed evidenti. Ma oltre all'aspetto fisico ciascuno possedeva quella particolarità che lo distingueva dal resto del mondo, quell'unicità di aspetto e di personalità che lo rendevano speciale.
Che poi nascessero affinità tra esseri umani o acce-

sissime lotte di potere, dipendeva proprio da queste
diversità.
Ma Alex si chiedeva qualcosa che andava oltre.
Questo qualcosa non dava comunque un senso alla
domanda su chi era veramente.
Si chiedeva quale fosse la causa di queste diversità tra gli esseri umani, se esistesse una matrice di
partenza per tutti, come un punto di inizio, qualcosa di comune a tutti gli esseri.
La risposta avrebbe potuto essere ovvia, come ad
esempio l'appartenere alla stessa specie, l'avere gli
stessi organi di senso, il provenire da una creazione
che agli umani risultava ancora ignota, nonostante
tutte le varie credenze religiose che dicevano questo o quello.
Nessuna di quelle credenze sentiva come propria,
nonostante fosse cresciuta in Occidente in un ambiente di stampo cattolico.
Nessuna che la convincesse del tutto riguardo alla
provenienza dell'animo umano e al luogo al quale
avrebbe fatto ritorno.

"Chi sei veramente?" era una domanda che apriva
la mente ad altre domande ed era come lasciarle tutte in sospeso, senza risposte certe.
O forse le risposte che si dava erano appunto altre
domande. Tutto questo aveva una portata troppo
grande e la sensazione era come se nella testa non
potesse starci tutto.
Si alzò con uno scatto dalla panchina, mettendo il
cellulare in tasca. Trasse un respiro profondo. L'aria
era diventata decisamente frizzante e un brivido le
percorse tutta la schiena.
Si incamminò piano sul sentiero dove la luce del
tramonto regalava riflessi color oro e pensò che la
natura le mostrasse uno degli spettacoli più belli
che avesse mai visto.
Una volta a casa mise il cellulare in carica e si de-

dicò ad altro.

Il profumino di una cena cucinata a dovere la distrasse, facendola ritornare ai piaceri dei sensi, il che ogni tanto non guastava.

Ora sono un corpo affamato che mangia di gusto, pensò e mise tutti i pensieri in *stand-by*.

IL MONDO È REALE?

L'indomani, dopo una notte agitata in cui ogni singolo pensiero aveva assunto forme inquietanti difficili da domare, si ritrovò immersa nei ritmi di lavoro, i soliti di sempre, con una sorta di torpore che la avviluppava da capo a piedi.

Non era solo stanchezza ma una specie di anestesia che faceva restare vigile il corpo e distratta la mente.

Massaggiare veniva ormai automatico dopo tutti quegli anni.

Ciò che cambiava erano i corpi delle persone, la loro struttura che variava dalla più grossolana alla più sottile, dalla più robusta alla più magra, dall'aspetto ripugnante a quello curato fin nei minimi dettagli.

Ogni corpo parlava da sé senza aver bisogno di parole. Si presentava portatore di sofferenze e segni indelebili che venivano raccontati da una schiena troppo rigida e asimmetrica, da un andamento claudicante dell'andatura, da gonfiori impenetrabili o, al contrario, da tessuti molli in cui sprofondare.

Quante difese di tipo emotivo vedeva e toccava, quante volte le mani venivano respinte anche se l'intenzione del cliente era quella di farsi toccare.

Un'intenzione senziente, mentre il corpo negava e si ribellava.

Sentiva tutto mentre svolgeva quello che molti credevano fosse solo un lavoro sul corpo per decontrarre muscoli, lavorare punti difficili e rilassare.

Ma ogni cliente era una persona, e ogni persona era un insieme di corpo, mente, stato emotivo e presenza.

Ciò che si creava ogni volta era una nuova relazione che poteva dar vita a un'affinità, una vicinanza, o, al contrario, essere percepita come lontananza di visione, pensiero ed emozione.

Strano a dirsi ma tutto questo lo si sentiva e basta, il più delle volte senza nemmeno usare le parole.

Dopo tutti quegli anni a fare questo lavoro, aveva ancora difficoltà a schermarsi da chi era molto diverso, perché la diversità la spaventava a morte e aveva ancora il potere di farla sentire "sbagliata".

Era un suo limite e lo sapeva, ma proprio non riusciva a lasciare che gli altri fossero sé stessi se quell'essere sé stessi riusciva ad andare a disturbare qualcosa dentro di lei.

Ancora non capiva cosa fosse quel qualcosa e aveva smesso di farsi troppe domande, lasciando che fossero le mani a salvarla, perché loro "sapevano" essere esperte.

Sentirsi sbagliata, non abbastanza, era un tema molto profondo che aveva segnato la sua intera esistenza. Forse era questo il *qualcosa* di cui andava tanto in cerca.

Purtroppo le sembrava spesso di incontrare persone che avessero una grande abilità nel far notare agli altri le loro mancanze, ma se fosse stata lei a porre particolare attenzione e rilievo alla presenza di queste persone? Come una sorta di ossessione al problema e di concentrazione al particolare che tanto la turbava. Tutto stava nel trovare quel punto sommerso a profondità inaudita che albergava nel suo intimo e cercare pazientemente di fare un po' di luce.

Questo lavoro le dava di certo la possibilità di esercitarsi a imparare a sentirsi normale, come una vera professionista, come una persona che non si svalutasse, ma si stimasse.

Doveva ancora apprendere molto e per quanto la lezione fosse dura, ringraziava di avere questa opportunità.

Mentre la giornata si svolgeva tra il troppo pensare e il fare, desiderò improvvisamente arrivare al ter-

mine di quelle ore lunghe e interminabili, per tornare a quella misteriosa e-mail e alla questione che le era rimasta in sospeso, come un nodo stretto in gola.
Chi si celava dietro quelle parole? Di chi era l'identità nascosta della persona che le aveva scritto? Era forse qualcuno che conosceva e che voleva giocarle uno scherzo?
Ormai si guardava intorno con sospetto, vagliando i volti e gli atteggiamenti di tutti.

Avrebbe potuto essere tra di loro e nascondersi alla perfezione dietro un sorriso o una pacca sulla spalla.
Avrebbe potuto studiarla da vicino se fosse stato un collega e fingere stupore se l'avesse scoperto.
Ogni persona poteva essere quel misterioso mittente e questo da una parte la metteva in agitazione, dall'altra la incuriosiva sempre di più.
"Chi sei veramente?"
Sono io, sono solo io, così come sono. E tu, chi sei?
Al termine di quelle ore, mentre si spogliava della divisa sporca d'olio e la appallottolava dentro la borsa a tracolla, afferrò rapidamente il cellulare, fermamente convinta a rispondere alla e-mail chiedendo al misterioso interlocutore chi fosse.
Il profilo liscio del cellulare le restituì una bella sensazione sulle mani.
Pochi secondi le bastarono per notare subito il piccolo led blu lampeggiare impaziente; *chi sarà stavolta?*
Le arrivavano circa una ventina di e-mail al giorno, la maggior parte da cestinare perché pubblicità aggressive. Sicuramente si trattava di una di quelle, così aprì subito la casella di posta per eliminarla al più presto e liberare spazio utile dalla memoria del dispositivo.
Un dito veloce sul *touch screen* dello schermo, ed

ecco aprirsi di nuovo la finestra della casella di posta di *Google*.
Si sbagliava, non si trattava di pubblicità, ma di una nuova e-mail da mittente sconosciuto, con oggetto inesistente e sfondo azzurro impostato di default per i messaggi che non riconosceva. Il corpo del messaggio era abbastanza lungo, sottile e quasi disegnato, pur trattandosi di parole scritte. A una prima occhiata d'insieme sembrava costituito da tanti piccoli puntini neri che nel complesso formavano un testo. Il cuore ebbe un leggero tuffo.
Com'era possibile? Un'altra e-mail da utente sconosciuto?
Impaziente lesse il testo tutto d'un fiato, senza darsi nemmeno il tempo di sedersi.
Si trovava nello spogliatoio del lavoro, con una manica del maglione a penzoloni lungo il fianco sinistro, in piedi accanto al suo armadietto, ma la curiosità era troppa. Non poteva aspettare.
Il testo, scritto in carattere corsivo, si stemperava nerissimo lungo la pagina bianca dello schermo, creando un contrasto che dava fastidio agli occhi.
"So che ti stai chiedendo chi sono, ma in questo momento non è importante. È importante invece che tu capisca chi sei.
Ti sei fatta molte domande e ti sei data altrettante risposte, alcune delle quali si sono avvicinate a quello che ti sto per dire ora.
Siamo esseri senzienti che possiedono un corpo fisico nel piano grossolano della materia, un corpo astrale che è all'origine di ogni emozione nel piano astrale e un corpo mentale, sede dell'intelletto e del pensiero nella dimensione del mentale.
Questi sono i nostri tre corpi che per ogni vita ci accompagnano e ci identificano come quella piccola parte di un Tutto molto più grande che trascende la somma del Tutto e di tutti gli esseri. Questa è la base

della vostra identità di esseri umani, ma come hai pensato in questi giorni, c'è qualcosa che accomuna tutti gli esseri ancor più del possedere i medesimi corpi, ed è ciò che costituisce il piano di partenza di ciascuno, la matrice dalla quale tutto ha origine. Questa matrice ha un nome e si chiama "Coscienza".

Ora ti chiederai cos'è la Coscienza.

Coscienza è tutto ciò che ha la capacità di Sentire. Ed è quella che permea ciascuna forma di vita, dalla più semplice e inanimata come quella minerale, a quella vegetale e animale dove risiede come Coscienza di sensazione e risposta agli stimoli esterni (come le sollecitazioni ambientali del caldo e il freddo) a quella più complessa come la tua e di altri milioni di esseri umani, che utilizzano i loro tre corpi per fare esperienza del mondo.

Voi siete centro di Coscienza e di espressione, sperimentate una Coscienza più ampia di un organismo inanimato e di un animale, perché avete già trascorso queste fasi.

Per giungere a divenire uomini, avete dovuto allagare la vostra Coscienza, arrivando ad abbracciare un "Sentire" più ampio. Ciò descrive la costituzione del Cosmo e l'evoluzione delle anime.

Ognuno di voi possiede una Coscienza che lo rende, in misura più o meno ampia, partecipe delle esperienze che vive. Questa stessa Coscienza che avete si differenzia a seconda della persona e tende a diventare più vasta con l'acquisire delle esperienze.

Ciò che sperimentate ha il compito di far ampliare in voi una Coscienza che parte dal piccolo Sentire che mira alla semplice gratificazione di sé, fino a giungere ad abbracciare qualcosa che trascende le vostre pulsioni egoistiche e si rivolgerà quindi verso un altruismo e un percepire gli altri esseri come intima parte di sé.

Quando arriverete a questa fase, comprenderete tutto il Cosmo e oltre. La vostra piccola Coscienza di esseri umani diverrà quindi più vasta e avrà un altro nome.
Ma non complichiamo ulteriormente le cose.
Ti ho chiesto chi sei veramente e hai pensato a un insieme di sensazioni, pensieri, emozioni, modi di essere. Ti sei confrontata con chi incontri tutti i giorni e ti sei detta che esiste una diversità tra voi che a volte vi avvicina e a volte vi allontana, creando legami e rompendo rapporti.
Ti sei infine chiesta se esiste una matrice comune a tutti gli esseri, e io ti dico che esiste e si chiama Coscienza.
Ma c'è un'ulteriore frammentazione della Coscienza umana in tante piccole Coscienze, una per ciascuna persona, ognuna diversa e soggettiva, che si differenzia per qualcosa che si chiama "Sentire". Ti sei mai chiesta se il mondo che vivi e di cui fai esperienza sia reale?
Ammesso che lo sia, cosa credi ci sia di vero nella tua esperienza di vita?"
Alzò lo sguardo dal display e puntò gli occhi nello spazio interno dell'armadietto dov'era appesa la giacca blu.
Nella testa un frastuono incredibile e tanta, tantissima confusione.
Una scarica di adrenalina le percorse la schiena fino alle braccia, in un crescendo continuo.
Appoggiò entrambe le mani all'armadietto e chinò la testa in avanti, respirando piano.
Doveva calmarsi e cercare di capire.
Chi era l'interlocutore misterioso? Come aveva fatto a leggerle i pensieri? Come poteva semplicemente sapere quello su cui aveva tanto riflettuto?
E poi quello che aveva letto.
Le parole le si accavallarono velocemente in testa creando ulteriore caos.

Coscienza, Cosmo, esseri, corpi, Sentire.
E poi le ultime scioccanti domande: *"Ti sei mai chiesta se il mondo che vivi e di cui fai esperienza sia reale? Ammesso che lo sia, cosa credi ci sia di vero nella tua esperienza di vita?"*
Quindi il vuoto della pagina rimasta bianca dopo quelle ultime righe e il display ormai buio del cellulare entrato in *stand-by*.
Restava lì ad ascoltare i rumori amplificati di chi camminava fuori dallo spogliatoio, e le sembrava che i muri avessero occhi e sensi per osservare quel momento.
Era sola ma tutto lo spazio intorno non sembrava vuoto, bensì pieno e le pareva trattenesse il respiro, come in un momento di suspense e attesa.
Si sentiva espansa, come avesse i sensi dappertutto e non sapeva più distinguere tra lei e ciò che aveva intorno.
Iniziò a temere un altro attacco di panico, ma questa volta era diverso perché si sentiva stranamente calma.
Con movimenti lenti si sistemò il maglione e prese la giacca dall'armadietto.
Caricò sulla spalla la borsa a tracolla e si diresse verso la porta.

Un ultimo sguardo indietro prima di uscire, a scrutare quello spazio che la osservava muto.
Nessun rumore, solo un lieve fischio di fondo, proveniente forse dal riscaldamento che iniziava a dare i primi segni di avvio.

Eppure non si sentiva sola, sapeva che c'era qualcosa o qualcuno di così incredibilmente vicino da non limitarsi a osservarla, ma anche a leggerle la mente.
"Chi sei?"
Con quella confusione e quelle domande che le martellavano in testa, si avviò verso l'uscita, immergendosi nell'aria umida e nebbiosa della sera.

SIAMO COSCIENZA?

L'autunno si faceva sempre più insistente in quei giorni.
Le foglie degli alberi assumevano quei colori che solo la natura sa dare, con incredibili sfumature e giochi di tonalità scure e chiare a formare un tutt'uno.
A colpo d'occhio il giallo, il rosso e il marrone si fondevano formando un nuovo colore, mentre da vicino ogni foglia si presentava con striature diverse.
Questo particolare le ricordava le riflessioni che aveva fatto riguardo alle diversità che caratterizzavano ciascun essere umano, come se ogni foglia esprimesse esattamente quel grado di differenza che rendeva ciascun esemplare unico al mondo.
Le parole dell'ultimo messaggio ricevuto dal mittente sconosciuto le risuonavano ancora in testa, incapace di lasciarle andare. Le aveva rilette più e più volte, soffermandosi a ogni frase e pensando che tutta quella faccenda avesse dell'assurdo.
Era convinta che chi le scriveva la stesse studiando da vicino e forse le viveva così accanto da conoscerla e riuscire a trarla in inganno.
In fin dei conti se ci sapeva fare con i computer e i software, nascondere la provenienza delle e-mail poteva essere un gioco da ragazzi.
Restava ancora da chiarire perché questo qualcuno si prendeva il disturbo di scriverle messaggi che avevano un che di filosofico ed esistenziale. Perché proprio a lei, qual era lo scopo?
Aveva pensato alla storia dei tre corpi posseduti dall'uomo e si era ricordata che già ne aveva sentito parlare, in particolare riguardo al corpo astrale.
Aveva letto che era l'esatto specchio del corpo fisico, ma più etereo, ovvero fatto di una materia più

inconsistente di quella fisica, presente in un'altra dimensione, ma non per questo inesistente.

Era indissolubilmente legato al corpo fisico, dal quale traeva input e informazioni e a sua volta li trasmetteva. Le emozioni originavano proprio nel corpo astrale e, come una sorta di scambio, si veicolavano nel corpo fisico.

Aveva riflettuto spesso sulla capacità di giudizio degli uomini circa questi argomenti e ne aveva tratto una conclusione che la soddisfaceva, pur collocandosi a metà tra il sostenere che tali affermazioni avessero del vero e invece ammettere che sarebbe stato meglio indagarle più a fondo. In merito al corpo astrale aveva già letto parecchi libri e poteva dire di possedere appieno l'argomento.

Ma una domanda che spesso si poneva, riguardava la chiave di lettura sulla quale gli esseri umani si basavano per dire questo o quello, affermando ad esempio che la dimensione ultraterrena potesse esistere oppure no.

Erano mille gli argomenti di cui parlare, mille le domande che ci si poteva porre circa queste credenze o affermazioni che fossero.

Però riteneva che vi fosse una falla nel sistema, ovvero questa chiave di lettura, sempre la stessa, che sembrava possedere l'unico valore razionale e corretto.

Questo modo di interpretare gli eventi che l'uomo faticava a capire, si affidava solo e unicamente alla scienza.

Non che non fosse opportuno usare gli strumenti scientifici per indagare certe affermazioni, ma Alex pensava che questo tipo di interpretazione potesse arrivare fino a un punto, per poi inevitabilmente fermarsi.

Pensava che la verità stesse nel mezzo e che non potesse esistere una spiegazione a ogni cosa, soprattutto che facesse capo solo a determinati strumenti, solitamente quelli rigorosi di una scienza che pretendeva di trovare un perché a tutto.

Nonostante questo si riteneva scettica e non pensava di credere a ogni ipotesi, ma nutriva un grande interesse per questi argomenti.

Una cosa era certa: sapeva, anche grazie agli studi che aveva fatto, che esisteva qualcosa di molto più etereo del corpo fisico e lo sapeva soprattutto perché riusciva a sentirlo.

Come? Non di certo perché parlava con gli spiriti o aveva strani poteri paranormali, ma perché attraverso le mani poteva sentire quella che lei chiamava "energia".

Le bastava mettere le mani a coppetta con i palmi rivolti l'uno verso l'altro per percepire una strana pressione, un formicolio e un calore, come vi fosse proprio qualcosa di reale tra le mani.

Le piaceva farlo e si divertiva a muovere le dita allargando e restringendo lo spazio, per sentire di più o di meno e per modellare quella sostanza a suo piacimento.

A volte lo faceva anche con i clienti, sospendendo i palmi per qualche secondo sul loro corpo senza toccarlo.

Quella strana sensazione non tardava mai ad arrivare.

In mezzo a tutti questi pensieri e percezioni, aveva anche una vita da vivere, anche se protagoniste ormai da anni erano le domande circa quella realtà che semplicemente intuiva e che andava ben oltre la fisicità di un mondo che le stava stretto da tempo.

Come poteva esistere una realtà fatta solo di oggetti fisici? Composta da organismi viventi, natura e galassie, sistemi solari, pianeti e infine dall'intero universo?

Qualcosa non la soddisfaceva e le faceva sentire quel mondo come incompleto, insufficiente. Lo percepiva come lo strato superficiale di una realtà ben più ampia, ben più strutturata di tutto quel caos apparentemente casuale in cui spesso le sembrava di vivere.

Che senso avrebbe avuto la vita se un giorno, con la morte del corpo, se ne fossero andati tutti, come non fossero mai esistiti? Domande esistenziali e risposte poche.

Solo qualche intuizione qua e là, ma mai qualcosa di certo.

Tante persone si affidavano alla fede, al credere in un Dio che tutto poteva e tutto aveva creato, poiché un giorno si potesse ritornare a Lui.

Alex faticava a dare tutto questo potere a un'unica e onnipotente creatura che venisse considerata quindi superiore all'uomo in tutto e per tutto, e oltre a questo, che potesse perciò giocare a suo piacimento con i cicli di vita e di morte, come se gli esseri viventi fossero pedine in mano a un solo giocatore.

Faticava a pensare che Dio fosse qualcosa di esterno, di personificato.

Le piaceva di più credere che quel qualcosa, fosse chiamato Dio o in un altro modo, avesse contribuito a creare tutto quanto esisteva, ma che non fosse poi così diverso né tantomeno superiore all'uomo stesso.

Sì, forse Dio faceva parte di tutti, o forse gli esseri contenevano un piccolo frammento divino che li rendeva quelle creature tanto complesse quali erano.

Credeva comunque che non ci fosse distinzione tra gli esseri e Dio, tra mondo fisico e, ammesso che davvero esistessero, altri mondi più eterei.

Come una sorta di tutto in uno.

Forse che all'uomo mancavano le capacità per cogliere questo uno? Sì, forse.

Seduta in salotto, con lo sguardo rivolto al paesaggio che si apriva ampio oltre la vetrata, tamburella-va con le dita il ripiano di vetro del tavolo, rimugi-nando tutto con la mente.

Osservò il cane muoversi scodinzolando verso di lei e allungò una mano per grattargli la testa. Piccoli mormorii di piacere arrivavano da quel musino dol-ce e nero, con gli occhi nocciola che le parlavano sornioni, come se dicessero: "Non fermarti proprio adesso".

Quanto amava quella cagnolina affettuosa, tan-to sensibile da comprendere ogni suo stato d'ani-mo. Pensò a quando lei e Cloe l'avevano adotta-ta.

Aveva solo due mesi, le orecchie morbide come due virgole penzolanti, il muso piccolo e dolcissimo e il pelo a nuvola che ricordava la consistenza dello zucchero filato.

L'avevano chiamata Fumé per via del suo manto grigio fumo. Con la crescita le si erano drizzate le orecchie, appuntito il muso e lisciato il pelo.

Ora somigliava a un lupetto in miniatura.

Da allora era sempre stata la fedele compagna di ogni giorno, dalla casa al parco, dai tragitti in auto in città, alle lunghissime dormite insieme nei pome-riggi d'inverno.

Pensò a quanto potesse essere presente un anima-le nella vita di un umano, a quanto potesse dare in termini di affetto, presenza e interazione.Con quelle creature si creava quel qualcosa di speciale che con altri umani si faticava a provare.

Forse perché la relazione con un animale era più semplice?

Rivide nella mente la pagina scritta dell'ultima e-mail sconosciuta.

La parola "Coscienza" spiccava in rilievo alla sua attenzione e si chiese, come se di pensieri non ne avesse fatti abbastanza, cosa davvero significasse avere una coscienza. E se anche un cane potesse

possederla.
"Ma sì, certo che la possiedi" le disse, grattandole ancora un po' la testa.
Come risposta le arrivò il sospiro lento e regolare di Fumé e la consistenza del suo naso umido schiacciato con più forza sulle dita.
Coscienza, cos'è la Coscienza?
"Coscienza è tutto ciò che è in grado di sentire".

Quelle parole si ripetevano in testa e ne ricavava riflettendo solo una conseguenza logica, ovvero il fatto che tutto, dagli esseri umani agli animali, alle piante e anche altre forme di vita, fosse in potere di sentire, a eccezione forse degli oggetti inanimati.
Ma sentire cosa? Sensazioni, emozioni, percezioni, pensieri? In quale grado e misura tutto questo poteva essere percepito da ogni creatura, in base alle estreme diversità di specie e sensibilità?
E ancora, cos'era un "Sentire"? Non era forse la Coscienza stessa?
Si prese le tempie tra le mani e si disse che era ferma a quel tavolo da più di due ore cercando di fare del puzzle dei suoi pensieri qualcosa di coerente.
Improvvisamente ricordò che doveva uscire e andare dal medico.
Oggi proprio doveva farlo. Aveva rimandato troppe volte.
Con un sospiro si alzò e si stiracchiò la schiena portando le braccia in alto.
Ecco ricomparire il dolore a sinistra, quello insolito che la divideva esattamente a metà, dalla testa ai piedi, come avesse una linea netta tracciata al centro del corpo. I medici la chiamavano "disestesia emilato sinistro" e per quanto ci fosse abituata, ogni volta era come provarlo la prima volta.
Non ci si poteva abituare a quel genere di sensazione, perché era spaventosa e disarmante. Sen-

tirsi divisa in due con quella cosa che a volte peggiorava e diventava un dolore sordo e costante, la terrorizzava sempre come la prima volta che l'aveva avvertita, all'età di diciannove anni.
A volte pensava di avere qualche malattia silente a livello cardiaco e di essere sul punto di morire. Questo avrebbe spiegato la concentrazione del dolore a sinistra. Perciò stava facendo mille visite specialistiche cercando rassicurazioni, ascolto e pareri competenti che le potessero dare quella tranquillità che tanto desiderava.
Ma poteva davvero trovare quella tranquillità all'esterno, con le parole e le diagnosi di un altro umano? O forse era compito solo suo far pace con i demoni della propria mente?
Sapeva che all'origine dei suoi episodi di panico c'era questo dolore e finché non fosse andata veramente a fondo, indagando cause organiche o psichiche che fossero, non si sarebbe mai fermata.

Lo vedeva ancora accanto a sé, il suo mostro personale, sproporzionato e alto, ad allungare lunghe ombre verso di lei. Il viso coperto, la pelle grigia e perlacea e un vestito nero senza sfumature. Nero come il buio.
Lo vedeva ergersi altissimo, come uno spettro, con le dita pronte a stringersi attorno al collo e le braccia protese a schiacciarle il petto per farle esplodere il cuore. L'aveva chiamato Mr. Black e sapeva che era pronto a succhiarle la vita in ogni momento. Aspettava solo un istante di paura per insinuarsi e farsi spazio, e a quel punto era lui a prendersi corpo e mente. Alex rimaneva inerme e impotente a guardare, senza poter nulla contro la forza di un essere tanto algido e inumano. Chi l'aveva vista quel giorno al lavoro mentre l'ambulanza la andava a prendere, aveva visto anche lui. Per quanto se ne fosse vergognata, voleva dimostrare a tutti che

lui non la possedeva, ma era cosa sua. Una cosa, appunto, che senza Coscienza la prendeva e la portava lontano a morire.
Senza Coscienza, perché quell'essere non poteva sentire se non intuire d'istinto l'odore della paura. Alex era consapevole che gli attribuiva un nome e un'identità per tenerlo il più possibile fuori da sé, pur sapendo che si trattava solo di una sua tragica e orripilante creazione.
Indossò gli stivaletti rossi che si intonavano perfettamente alle foglie dell'acero del giardino. Gli passò accanto, sfiorandone il profilo del tronco ruvido e sottile. Poi passò alle foglie e le sentì morbide e frastagliate, bellissime.
Anche questo significava sentire?
Allora era meraviglioso, perché era così istintivo da essere la cosa più naturale del mondo.
"Ti sei mai chiesta se il mondo che vivi e di cui fai esperienza sia reale?"
Si prese un po' di tempo, ferma, in piedi vicino all'acero, a riflettere.

Aveva percepito la consistenza del tronco e delle foglie dell'albero, aveva provato un'emozione e si era riempita gli occhi dei colori autunnali del giardino.
Tutto questo le sembrava più che reale.
Ciò che sentiva era vero, ciò che percepiva con i sensi le restituiva sempre qualcosa che la faceva vibrare dentro.
Il mondo in cui viveva le sembrava realissimo, tangibile, anche se lo percepiva sempre come uno strato di copertura di qualcosa di indefinito che ancora non riusciva a capire.
Con quest'ultimo pensiero arrivò allo studio del medico, distante da casa nemmeno un chilometro. Entrò e percorse il lungo corridoio con le luci al neon che mal sopportava e girò a destra, nella sala d'attesa.

La porta dello studio era spalancata e nessuno era seduto ad aspettare.
Con la testa fece capolino, dando un'occhiata all'interno dello studio e vide il profilo del medico seduto alla scrivania mentre osservava il monitor del computer.
Indossava una camicia di flanella a scacchi bianchi e rossi e un cappellino da baseball nero con delle pagliuzze luccicanti.

Si videro e lui le fece un sorriso, indicandole di accomodarsi.
Quell'ometto discreto e simpatico le era piaciuto fin da subito per la sua capacità d'ascolto e la sua caparbietà nell'andare a fondo alle questioni, anche le più spinose, senza mettere il suo Ego prima di tutto, come invece aveva visto fare da tanti altri medici prima di lui.
Si accomodò e iniziarono insieme a spulciare le cartelle e gli esiti degli ultimi esami.
Sì, il cuore sembrava andare bene, anche se la "farfallina" difettosa le dava sempre da pensare.
Ricordava la prima volta che aveva fatto leggere proprio a lui l'esito dell'ecografia cardiaca e lui, con un sorriso beato, le aveva detto di avere lo stesso difetto congenito che non si era alterato di una virgola in tutti quegli anni.
Aveva tratto un respiro di sollievo, ma il pensiero di avere una valvola del cuore leggermente difettosa, proprio non la lasciava in pace. L'aveva ben presente e non se ne sarebbe più dimenticata. Un'ombra di paura le scurì il viso e vide la sagoma di Mr. Black avvicinarsi furtiva, ma riuscì a scacciarla con uno sguardo deciso.
Vattene, ora no!, e lo vide strisciar via, lasciandole spazio per respirare.
Pochi istanti più tardi il medico le prescrisse una risonanza magnetica per la porzione dorsale della

schiena, per indagare eventuali problematiche muscolo scheletriche.

Quel dolore a sinistra poteva essere tutto, da un problema alla schiena a un problema neurologico, a uno, no, non lo voleva pensare, cardiaco.

Ora era in attesa di quest'altro esame alla schiena e di un altro, prescritto qualche settimana prima, alla testa. Era sempre una risonanza, ma all'encefalo.

Non se ne preoccupava più di tanto, pur sapendo di dover stare chiusa dentro un tubo d'acciaio per almeno un quarto d'ora ad ascoltare i colpi sordi di una macchina che le guardava dentro.

Forse con questo esame sarebbe riuscita a capirci qualcosa; davvero lo sperava.

Chiuse tutte le cartelle e se le portò sotto braccio, ma prima di alzarsi guardò negli occhi quel simpatico dottore e, con voce tremante, gli chiese: "E tu? Come stai?"

Sapeva che aveva avuto un cancro e che era stato operato per farselo asportare.

Il suo aspetto parlava chiaro: la pelle pallida del viso, la stanchezza evidente, il cappellino da baseball a coprire gli ultimi capelli rimasti.

Lui sollevò il viso e le fece un bel sorriso, uno dei più sinceri e limpidi che avesse mai visto e Alex si chiese come quell'uomo potesse riuscire a trasmettere tutta quella serenità dopo quello che aveva passato.

Con voce calma e cadenzata le raccontò ogni cosa, dall'esordio della sua malattia, alla paura di ciò che sarebbe potuto essere, al dolore dei giorni passati nell'attesa di un esito, un dolore che solo pochi potevano capire.

Lo ascoltò in silenzio, senza perdersi una parola, e senza staccare mai lo sguardo dai suoi occhi che a tratti sorridevano, si inumidivano, si abbassavano e tornavano poi a sorridere.

"Ti voglio dire una cosa Alex: dopo quello che mi

è successo ho capito ancora di più che amo stare in mezzo ai malati, perché mi sento uno di loro, uno di voi. Avrei potuto anche prendermi un periodo di pausa dal lavoro, ma proprio non ci sono riuscito. A casa avrei continuato a pensare e ho deciso che rendermi utile per la gente fosse l'unica cosa che potevo fare realmente. Ho imparato anche ad ascoltare di più i pazienti e sapessi con quante storie strane vengono in ambulatorio per cercare qualcuno che possa occuparsi di loro".

Quant'era vero.

Quanto le persone avevano bisogno di un ascolto, un supporto, una rassicurazione, per non sentirsi sole.

Anche per lei era così, anche se in misura diversa.

Lo guardava muoversi imbarazzato sulla sedia girevole della scrivania e pensava che aveva proprio fatto centro a trovare una persona che non facesse fatica a mostrarsi tale, senza nascondersi dietro un ruolo e un compito.

Amava le persone vere, quelle che non mettevano i propri sentimenti in un faldone chiuso a chiave in chissà quale posto inaccessibile. Amava la schiettezza e le emozioni e si scoprì commossa mentre ascoltava quel racconto di straordinaria bellezza.

Una bellezza che si strutturava nella tragicità di un evento difficile da vivere e accettare, riscoprendo una rinnovata voglia di vivere.

Uscì dallo studio con un sorriso sulle labbra e un passo più veloce e leggero. Quell'incontro le aveva dato qualcosa che mai si sarebbe aspettata, forse proprio quella comunione e quella vicinanza tra umani che riusciva a restituire un senso di completezza.

In un solo momento di condivisione delle proprie emozioni, ci si poteva avvicinare tanto da mettersi l'uno nei panni dell'altro e quindi comprender-

sì.
Di nuovo come in un flash le passò davanti agli occhi una frase della e-mail misteriosa: *"Ciò che sperimentate ha il compito di far ampliare in voi una Coscienza che parte dal piccolo Sentire che mira alla semplice gratificazione di sé, fino a giungere ad abbracciare qualcosa che trascende le vostre pulsioni egoistiche e si rivolgerà quindi verso un altruismo e un percepire gli altri esseri come intima parte di sé".*
Era forse questa la comunione tra gli esseri?
Era questo un modo per ampliare la propria Coscienza e il proprio Sentire?
Credeva di sì.
Quanto poteva essere bello anche per pochi istanti riuscire a uscire da sé stessi, dal frastuono dei propri pensieri, dall'egoismo che tutti, in misura maggiore o minore, esercitano nelle loro piccole vite.
Si chiese quanto ancora fosse lungo il cammino per far entrare tutti quei concetti nella testa e per comprendere quelle che adesso le sembravano delle verità svelate su cui riflettere.
Non le importava quanto tempo ancora sarebbe servito. Forse non sarebbe bastata una vita intera.
Ma le piaceva pensare che la sua, di vita, potesse avere quello scopo e quello strano modo di procedere.
"Prima o poi capirò anche chi sei" si disse pensando al mittente misterioso che le affollava la testa di punti interrogativi.

RIFLESSIONI

Seduta al tavolo di un ristorante palestinese in compagnia di amici, cercava di godersi la serata assaggiando piatti strani di riso e semi e insalate sfiziose con spezie di altre terre.

Le piaceva provare sapori nuovi e scoprire culture diverse, perché riteneva che tutti i popoli avessero tradizioni culinarie interessati da esplorare e conoscere.

Nelle luci soffuse del locale in stile arabeggiante si sarebbe persa volentieri, stanca com'era, in una sorta di dormiveglia post prandiale.

Era passata quasi una settimana dalle e-mail del misterioso interlocutore e non vi era ancora nessuna traccia di altri messaggi.

Apriva più volte al giorno la casella di posta di *Google* ma, a parte le e-mail pubblicitarie, nessun segno da parte del mittente sconosciuto.

Questa situazione le creava un po' di ansia e iniziava a chiedersi se dall'altra parte quel famoso qualcuno si fosse già stancato.

Scherzo finito, fine della storia.

Avrebbe dovuto sentirsi sollevata, ma in realtà non era così.

Le parole di quelle e-mail le avevano mosso qualcosa: una serie di interrogativi, di perplessità e di curiosità che andavano sempre più aumentando in intensità e voglia di capire.

A volte si sentiva stupida a dare tutto questo peso a quei messaggi. Avrebbero potuto benissimo essere frutto di uno scherzo venuto bene o di una stramba trovata pubblicitaria di un qualche libro new age.

Qualunque cosa fossero, catturavano la sua attenzione come mai era successo nei mesi e forse negli anni precedenti. Questo le dava entusiasmo.

Alcune di quelle domande, ormai non lo nascondeva più a sé stessa, erano quelle che spesso si era posta nei momenti di maggior introspezione, facendola arenare con risposte poco concrete. Sentiva come se ora avesse un'occasione, ma non sapesse come poterla cogliere.

Si attaccava più che poteva a quelle e-mail, che erano l'unica porta aperta verso un mondo che, per quanto destasse il suo interesse, in parte riusciva anche a spaventarla.

Ma era più forte l'interesse e la voglia di abbracciare quei concetti tanto discutibili quanto affascinanti.

Tutto questo le stava capitando proprio in un periodo estremamente doloroso a causa di Mr. Black, la più oscura parte di lei. Una parte tanto nera che integrarla nel proprio intimo le veniva difficile, per cui preferiva lasciarlo scorrazzare a zonzo fuori, in modo da pensare di poterlo controllare.

D'un tratto il vociare delle persone intorno e degli amici che le parlavano passò in sottofondo, lasciandola come stordita. Complice la birra un tantino alcolica che le dava alla testa, con una scusa si alzò, afferrò la borsa e si diresse in bagno.

La stanza era minuscola, con un water color verde acqua e una porta che si apriva a occupare tutto lo spazio disponibile, al punto che per fare un po' la stupida si appese alla maniglia esterna con tutto il peso, sollevando i piedi. Si lasciò quindi andare muovendo la porta verso l'interno del bagno fino a schiacciarsi contro la parete.

A volte le piaceva fare queste parti. Forse era l'unica, a trentaquattro anni suonati, a fare questo genere di cose divertendosi un mondo.

Una volta dentro il bagno chiuse la porta con il chiavistello e senza pensarci un attimo estrasse il cellulare piatto e liscio dalla borsa.

Si scoprì a fare quello che ormai era diventato un

tic nervoso, ovvero aprire la posta della casella personale di *Gmail*.

Ancora niente, solo la e-mail di un negozio di abbigliamento che la invitava ad acquistare da loro con sconti del 70%.

Certo, come no, pensò mentre cestinava la e-mail e sospirava delusa.

Improvvisamente la colpì quella voglia irrefrenabile di fare qualcosa senza averla prima attentamente pensata e studiata. Un istinto assimilabile a quello animale di compiere un'azione "di pancia" che di controllo aveva ben poco.

Non era solita assecondare quel genere di desideri. Una persona come lei che amava avere tutto sotto controllo e che spesso si autolimitava, danneggiando il più delle volte solo sé stessa.

Quella sera, spinta dall'istinto e avendo un po' di alcool in corpo e la mente più sgombra, aprì l'ultima e-mail del mittente sconosciuto e selezionò "Rispondi".

Davanti agli occhi ecco comparire il monitor bianco con il cursore lampeggiante pronto a creare lettere e parole.

Senza pensarci due volte digitò: *"Chi sei? Per quale motivo non scrivi più?"*

Premette il tasto "Inoltra" senza nemmeno sapere se quelle due semplicissime domande, anche un po' infantili – lo ammetteva – sarebbero giunte a destinazione.

In fin dei conti non aveva indirizzo al quale inviarle e solo rispondendo al messaggio ricevuto poteva sperare che, per una sorta di magia alla Harry Potter, venissero recapitate allo strano personaggio che le aveva da pochi giorni cambiato la vita.

Nella mente che correva alla velocità di un treno impazzito, si chiedeva dove potesse collocarsi quel qualcuno che si celava dietro a quelle e-mail miste-

riose.
Chi poteva mai essere? Dove si trovava? Se fosse stato qualcuno dei suoi amici? No, con quelle facce non credeva proprio.
Come poteva inoltre conoscere i suoi pensieri e i vari ripensamenti che una mente attiva come la sua faceva ogni giorno?
E soprattutto, dove la voleva portare?
Ormai il viaggio era cominciato e non intendeva tirarsi indietro.
Avrebbe percorso volentieri quella strada ovunque l'avesse direzionata.
Si sentiva come un corridore in piena maratona con scarpe nuove ai piedi.
Voleva correre fino in fondo e il vero senso del viaggio non era solo la meta, ma il percorso stesso.
Dopo aver chiuso il cellulare dentro la borsa, si guardò allo specchio del bagno e concluse di avere proprio bisogno di un nuovo taglio di capelli.
Ormai la frangetta si era trasformata in ciuffi che spostava a lato perché non le cadessero sugli occhi e i primi capelli bianchi somiglianti a fili di seta spessa non tardavano a farsi avanti.
Si vedeva adulta ma allo stesso tempo ragazzina, con quella voglia che aveva di fare ancora esperienza di ciò che la vita le poteva offrire e contemporaneamente con quel senso di dolore che le opprimeva il petto e le rendeva la strada più impervia.
Era sempre stata così, troppo adulta nell'animo e un piccolo scricciolo magro nel corpo. Il senso degli opposti coesisteva dentro di lei e spesso pensava che quel corpicino fragile da ragazza la limitasse nell'espressione e nell'immagine che avrebbe voluto dare di sé.
In quel periodo le disarmonie tra il suo sentirsi d'essere e la sua fisicità entravano a far parte del grande insieme di questioni alle quali voleva dare un senso. Chissà, forse sarebbe riuscita anche in que-

sto grazie alle riflessioni che il suo strano amico di penna le stimolava.

Aveva mille domande da fargli ma quella sera era riuscita soltanto a scrivergli quelle stupide parole infantili.

Mentre si lavava le mani con l'acqua fredda, si preparò per tornare al tavolo degli amici a passare una serata lunga e senza pensieri, disordinata al massimo.

Dato che era un sabato sera, l'atmosfera festaiola che si respirava nell'aria era come contagiosa.

Aveva bisogno di un po' di svago e leggerezza. Restare con gli amici e Cloe in quel momento era quello che più le serviva.

Per il dopo cena si spostarono a piedi tra le vie del centro illuminate dalle luci dei locali.

Quanto le piaceva la sera con le sue luci e la sua vita.

Quel sabato era denso di gente, di musica e di risate che echeggiavano tra gli spazi delle vie lastricate del centro.

Avrebbe voluto prolungare quel momento all'infinito perché si sentiva finalmente libera, senza l'ombra di Mr. Black a inseguirla furtiva.

Pensò a quanto potesse essere importante la mente per fare e disfare paure e prigioni.

Era un incredibile strumento con la facoltà di decodificare percezioni, distruggere barriere ed erigerle.

Poteva portare all'inferno o catapultare in paradiso in un solo battito di ciglia.

Qualcuno pensava che la mente fosse il centro di ogni cosa, dalle percezioni alla Coscienza, e che l'attività del cervello fosse alla base di ciascun processo biologico, emozionale e spirituale che avesse sede nel corpo.

Ma poteva davvero una Coscienza così complessa come quella umana, avere sede nel cervello? Poteva davvero quel "Sentire" – sul quale si era interrogata in quei giorni – originare sempre e solo in un organo biologico?

Ammesso che così fosse, sulla base di cosa quel "Sentire" poteva essere quindi così diverso da un individuo a un altro?

Se l'encefalo possedeva una sua propria anatomia e fisiologia, uguale per tutti gli esseri umani a livello strutturale, in cosa consisteva la differenza tra i vari tipi di "Sentire" umani e quindi tra le varie Coscienze?

Alex sapeva solo con certezza che la mente stava all'origine di ogni processo di pensiero che potesse anche essere fuorviante e patologico e che l'uomo non si definisse uomo solo perché essere pensante. L'uomo possedeva quella particolarità in più che lo rendeva un essere di Coscienza. Ora più che mai, dopo averci riflettuto, aveva ipotizzato che tutti gli esseri umani possedessero una Coscienza costituita in parte da quell'insieme di percezioni, sensazioni, pensieri, emozioni e modi diversi di interiorizzare gli avvenimenti di una vita. Ognuno nella propria personalissima tensione verso il percorso che inevitabilmente la vita apriva a ciascuno.

Il collante che rendeva un individuo presente a sé stesso, cosciente della propria storia personale, era costituito dalla memoria, il magazzino in cui veniva conservata l'identità di una persona. La memoria quindi aveva il compito di uniformare i ricordi, collegare i frammenti di passato, presente e futuro, dando corpo all'interezza dell'individuo. Ma se un individuo si fosse trovato in difetto di memoria? Di certo non avrebbe ricordato chi fosse né dove si trovasse. Avrebbe mancato di uniformare i suoi pezzi di vita in un unico senso d'essere che l'avrebbe reso quello che era. Era quindi la memoria, avente sede nelle strutture fisiche cerebrali, a essere responsabile dell'identità e della Coscienza di un individuo? Non credeva fosse così. Una persona senza memoria esisteva indipendentemente da tutto, forse ignara di ogni cosa, ma comunque viva. Il vero senso d'essere forse non albergava nella memoria, ma andava ben oltre quello strumento complesso e spesso essenziale responsabile dell'affermazione: "Io sono". Alex pensava che il "Sentire" individuale facente parte di una Coscienza fosse qualcosa di complesso che superasse la vasta gamma di percezioni umane, compresa la memoria. Non possedeva certezza alcuna, ma si limitava a volerlo credere.

Pochi istanti più tardi a fare da padrona fu la notte, con i suoi contrasti di buio e luce che la rendevano quasi un essere con una sua forma e una sua personalità. La serata si era conclusa con baci, abbracci e la voglia di rivedersi presto, magari in un altro posto, ma sempre davanti a qualcosa di sfizioso da mettere sotto i denti. Di fronte a del buon cibo che gratificasse i sensi si poteva parlare di tutto, anche fare progetti che forse non si sarebbero mai realizzati, ma che in quel momento, presi dal piacere di un sapore nuovo, avevano un senso e una direzione. Dopotutto ciò che più contava era l'interazione con gli altri, la serenità e il senso di unione di momenti che riuscivano a dare un'alternativa a quelli più difficili passati in solitudine. Ecco il senso di un ritrovarsi tra amici.

Mentre guidava in autostrada verso casa, osservava le corsie finalmente libere, illuminate in certi tratti dalla luce dei lampioni e in altri avvolte nel nero della notte. La sua auto era una macchia di colore in movimento lungo la linea della strada, delimitata dalla segnaletica bianca orizzontale. Si sentiva stranamente in pace con il paesaggio che vedeva e questo la aiutava a scacciare il pensiero ossessivo della e-mail che aveva poche ore prima inviato al mittente sconosciuto. Aveva agito di getto e si era ritrovata pentita per la banalità di quelle domande. Temeva di poter essere giudicata negativamente come troppo infantile, frettolosa, forse superficiale. Se solo avesse avuto l'opportunità di tornare indietro nel tempo e ritrovarsi di nuovo in quel piccolo bagno del ristorante, avrebbe scritto altre parole in quel messaggio. Ormai era troppo tardi; osservare la riga bianca tratteggiata della strada, in quel momento, fu l'unica azione meccanica che le permise di allontanarsi da quel pensiero. Quanto bastava per tenere a bada la preoccupazione.

Lei e Cloe arrivarono a casa oltre l'una di notte. L'aria era silenziosa, le ante delle case chiuse e le luci alle finestre spente. Tutto sembrava immobile di fronte alla non presenza dell'uomo con il suo modo di creare rumore e caos. Diede un ultimo fugace sguardo al cellulare che le restituì lo schermo piatto e coloratissimo di verde impostato da poche settimane come sfondo. Nessuna notifica, messaggio o altro. Lo spense e allontanò ancora una volta il pensiero di quella stupidissima e-mail che aveva inoltrato. Osservò le piante altissime delle ville intorno alla sua casa e l'ultimo pensiero prima di dormire fu che il loro respiro poteva essere come il suo in quel momento: ampio, lento e direzionato al cielo, come in una sorta di preghiera al mondo.

VEDERE OLTRE

Cinque giorni più tardi, in un pomeriggio assolato di fine ottobre, Alex correva lungo il sentiero di una zona boschiva battuta da gente che amava fare sport all'aperto. Le mancava da parecchio un contatto con la terra e in quel luogo si sentiva protetta e rinvigorita dalla maestosità delle bellezze naturali che aveva intorno. I colori della stagione, rossi accesi, gialli e arancio, sembravano pennellate di un dipinto a olio; lei la figura minuta di una sagoma che correva dentro al quadro. Dopo quegli interminabili cinque giorni di attesa, ancora nessun messaggio era arrivato nella casella di posta. Aveva lavorato, guidato, letto libri e portato a spasso il cane come al solito, ma non riusciva proprio a non pensare che non stava più ricevendo alcuna risposta dal misterioso mittente. Cominciò a convincersi che fosse stata tutta una bufala, un modo studiato per arrivare a un fine o forse nemmeno quello. Di certo, in quel momento in cui la fragilità si faceva spazio e le paure la divoravano, era stato un ottimo appiglio, una distrazione perfetta.
Aveva abboccato in pieno. Il pesce era stato pescato, e anche bello grosso. E ora? Cosa ne avrebbe fatto della sua vita se non aveva altre domande su cui riflettere? Voleva cercare qualcosa che le richiamasse i discorsi di quei messaggi, di quelle parole tanto strane e profonde da avere chissà quale provenienza. Era fermamente convinta che da qualche parte avessero origine e che nelle varie esplorazioni filosofiche ed esistenziali della storia dell'umanità, avrebbe forse trovato del materiale da studiare.
Però era troppo presto per mettersi a cercare, troppo cocente in quel momento la delusione di non aver avuto risposta. Correre la aiutava a scaricare il peso di quella aspettativa delusa. Un passo die-

tro l'altro, il respiro crescente, il rumore delle foglie secche sotto le suole di gomma delle Nike e la musica dell'iPod sparata ad alto volume nelle orecchie.

Una cosa ancora la disturbava: il suo cuore che batteva veloce, in corsa, la portava in paranoia per quello che secondo la sua mente sarebbe potuto capitare. Morire di infarto. Un colpo secco e via, stesa sul sentiero di foglie e terra, circondata dalle piante e dai prati ancora verdi, nonostante l'autunno inoltrato. Temeva il dolore del momento precedente alla morte, quel dolore che l'avrebbe resa cosciente di ciò che stava per capitarle e che avrebbe azzerato i suoi pensieri razionali, facendola sprofondare in un abisso di puro terrore. Alzò il volume della musica cercando di neutralizzare questa paura e con la coda dell'occhio vide Mr. Black correre alla sua sinistra, fedele compagno di ogni momento. Mimava ogni movimento del suo corpo in una specie di immagine speculare. *So che ci sei*, gli disse formulando le parole con la mente, *sei l'immagine della mia paura. Oggi però se vuoi puoi anche portarmi via, perché so che se lo facessi non finirei comunque qui, sopra un sentiero di sassi. Potresti prendere il mio corpo, ma mai avrai il mio senso di esistere, che va ben oltre questo corpo*. Nel pensare tali parole, Mr. Black scomparve in uno sbuffo di fumo nero, lasciando libero il suo lato sinistro, acciaccato e dolorante, ma libero.

Corse fino alla fine del sentiero, fermandosi ansimante in un tratto di bosco in cui non passava nessuno e si piegò con le mani sulle ginocchia per riprendere fiato. Piccoli sbuffi di vapore si formavano a ogni respiro a causa dell'aria del pomeriggio che si alternava con quella più fresca della sera. Intorno a lei cinguettii di uccelli e rumori di grilli che gracchiavano nascosti. Si rimise in posizione eretta e allargò il torace, portando indietro le spalle. Spense la musica e si dedicò al marsupio che aveva legato alla vita, controllandone velocemente il contenuto. Lo aprì con uno scatto della zip e ne estrasse il cellulare, talmente piatto da stare in ogni spazio. Aveva pensato di uscire senza lo smartphone quel pomeriggio, ma poi era tornata a riprenderlo dal ripiano del mobile della sala e se l'era messo addosso, senza pensarci più di tanto. Era consapevole di portarlo con sé per rimanere ancora appesa alla speranza di ricevere una e-mail dal misterioso mittente. Con le mani tremanti per lo sforzo muscolare, lo portò davanti agli occhi, scrutando pensosa il piccolo led blu lampeggiare impaziente.

"E se fosse..." lasciò la frase in sospeso senza pensare di farsi troppe illusioni e passò direttamente alla fase successiva, aprire lo schermo. Il movimento del dito sul display le sembrò più impacciato del solito. Forse l'agitazione, il pensiero della e-mail tanto attesa e la corsa appena conclusa contribuirono a rendere più nervose le mani e difficili i movimenti. Intorno solo alberi e silenzio. Non poteva desiderare un panorama migliore per quell'istante che sperava fosse proprio quello tanto voluto. Rimase in piedi con una mano appoggiata al tronco di una quercia secolare e con l'altra a reggere il cellulare. Di fronte agli occhi comparve un testo lunghissimo, senza oggetto e provenienza, con il solito sfondo azzurro impostato di default. Sì, era proprio la e-mail che aspettava. Deglutì un grumo di saliva e ansia e si mise a leggere divorando le parole.
"Mi hai aspettato a lungo ma sappi che non è mai tempo sprecato aspettare. E soprattutto fare dell'attesa una base sulla quale costruire riflessioni e ipotesi. Vedo che è ancora una priorità per te conoscere la mia identità, ma ti ripeto che non è così importante, poiché presto mi riconoscerai e capirai che mi cono-

sci da sempre.
Comincio con l'affermare che non sono una pub-
blicità aggressiva né una trovata stramba per pre-
sentare prodotti e cose futili, ma che sono qui nella
tua e-mail e nella tua testa per fare in modo che tu
possa conoscere alcuni concetti che credo possano
chiarirti il senso della vita e delle cose.
Ti chiederai perché proprio tu, ma non esiste un
perché. Ho solo trovato un canale di contatto e lo
sto sfruttando per parlare alla tua parte più intima
e ricettiva.
Hai riflettuto a lungo e hai trovato una spiegazione
e un senso, ma sappi che quello che credi di aver
compreso è solo un pallido riflesso di quello che in
realmente è.
Ti ho chiesto cosa del mondo che vivi credessi fosse
reale e hai pensato ai concetti di Coscienza, di Sen-
tire e lì ti sei fermata, pensando che non c'è cosa
più reale di ciò che senti.
In effetti è così, ma ti dirò di più: è reale SOLO quello
che senti. Ora penserai al Sentire in termini di pen-
siero, emozione, percezione e modi di dare corpo
e interpretazione alla realtà, ma questa è solo una
piccola parte del Sentire vero e proprio. Esistono
due tipi di Sentire che fanno parte di tutti gli esse-
ri: il Sentire in senso lato, che ha come significato
quello che tu stessa hai più volte pensato, ovvero
l'ampia gamma di emozioni, pensieri, sensazioni e
letture diverse del mondo di cui facciamo parte, e un
altro Sentire, più ampio e completo per sua natura
che si classifica come Sentire di Coscienza. Cos'è
un Sentire di Coscienza? È qualcosa che fa parte
di un piano di esistenza che vi appartiene sempre
ed è presente in ogni momento, anche durante la
vostra vita sulla Terra. È come fosse la vostra vera
carta d'identità, il vostro Essere più reale, privo dei
condizionamenti e degli schemi mentali in cui la vita
umana è immersa. Il Sentire di Coscienza siete voi.

Immagina un modo di Sentire privo di ogni barriera, che non faccia distinzione alcuna tra sé stesso e gli altri, perché si sente Uno con il tutto da cui proviene. Si tratta della massima espressione del Sentire di Coscienza a cui tutti gli esseri tendono. Questo significa che ciascuno di voi ha il suo Sentire come individuo, che è soggettivo e relativo in quanto diverso da quello di altri esseri umani. Ma c'è una matrice che rappresenta la base da cui provenite, ed è il Sentire di Coscienza. Questo tipo di Sentire non si perde mai, anche se a voi sembra di non averlo e di essere l'uno diverso dall'altro, senza alcun grado di compatibilità. È quello che vi fa affermare: 'Io esisto' indipendentemente da tutte le condizioni di privazione umana che possano mettere il vostro organismo e la vostra mente in difficoltà. Nemmeno la memoria dell'individuo, così come hai pensato tu stessa, è responsabile del Sentire.

La memoria può dare un senso di successione ai ricordi di un individuo, creandone la storia e strutturandone l'identità, ma non potrà mai sostituirsi a un Sentire. Sentire di esistere è quella consapevolezza che non morirà mai, nemmeno con la morte del corpo fisico e con esso degli altri due corpi, l'astrale e il mentale. Sono concetti complicati, ma arrivare a comprenderli può dare quel senso di apertura al mondo che è difficile avere vivendo una condizione umana limitata.

Voi non siete individui che sentono, ma siete il Sentire stesso. E soprattutto siete il Sentire in ampliamento che si accumula di vita in vita e va sempre più a costituirsi in questo sentirsi di Essere che è il Sentire di Coscienza. Arriverete a provare cosa può significare espandersi in termini di Coscienza fino a giungere a sentirvi in comunione con tutti gli esseri. Intendo dire che quello che vi differenzia ora, nelle vite che sperimentate, è il Sentire in senso lato, ovvero l'insieme di tutta l'attività emozionale, intellet-

tiva e percettiva dell'uomo, ma che c'è una base, un Sentire di fondo, che si struttura a più livelli e tende sempre di più a considerare l'altro come parte integrante di sé, non come esterno a sé. Quindi, man mano che cadranno negli esseri umani le limitazioni e le sovrastrutture che costituiscono la personalità e che sono sperimentate attraverso il Sentire in senso lato, avverrà un ampliamento di Coscienza. In questo modo si attua un processo di apertura di tutte le Coscienze, e il Sentire che ne risulta è meno frammentato, meno condizionato e meno diversificato. È, diciamo, più vero, perché non può, una volta raggiunta la sua maturazione (che è graduale), scomporsi e ritornare alle prime fasi. Ecco la vostra Coscienza, il vostro Sentire più ampio. Il Sentire in senso lato è di passaggio e soggettivo, in quanto parte di un solo individuo che in quel dato momento della vita esprime ciò che lo muove.

Ora è necessario introdurre pian piano altri concetti, che possano meglio far comprendere questi. Ricorda bene Alex, ogni individuo sperimenta per ogni istante che vive Sentire differenti, pur essendo esso stesso un unico individuo che evolve. Quindi ciascun uomo non è mai lo stesso da un istante all'altro, ma muta in virtù del suo cammino che lo porterà a fare esperienza dei vari Sentire che costituiscono nel complesso un individuo. So che stai sgranando gli occhi e ti si sta affollando la mente di immagini e pensieri, ma non fermarti, continua a leggere. Devi sapere che nasciamo in un Cosmo e ne viviamo il tempo di più vite. Questo perché la Coscienza, che è il Sentire e che siete voi nella vostra interezza, per poter giungere a un ampliamento, ha bisogno di stimoli ed esperienze per accrescersi e arrivare ad abbracciare una completezza che può raggiungere solo sentendosi Uno con l'esistente. Immagina però a quanto questo sia difficile per un essere umano *che vive la sua piccola esistenza e pensa in termini riferiti solo a sé stesso. Voi siete creature con un senso dell'Io che confondete spesso con la vostra vera identità, ma altro non è che una creazione della mente in un mondo che vi sembra estraneo e distinto da voi. Mentre in realtà il mondo che vi circonda e che vedete è proiezione della vostra parte più intima, creato da voi stessi per sperimentare proprio quelle esperienze che vi sono necessarie affinché il vostro Sentire di Coscienza si amplifichi.*

Per poter arrivare a un Sentire di Coscienza completo, ogni essere ha bisogno di più vite. Ecco quindi la ruota delle nascite e delle morti che accompagna ciascuno di voi. Ti chiederai: 'Esiste anche qualcosa che va oltre il Sentire di Coscienza?'. Sì, esiste. Il Sentire di Coscienza rappresenta la parte più pura di un Essere umano. Quando con le varie vite l'individuo amplia il suo bagaglio di Coscienza, succede che questo Sentire così ampio da includere tutti gli altri esseri come fossero sé, diviene altro. Questo qualcos'altro è talmente esteso da entrare a far parte di un'unica cosa, come fosse un solo grande organismo senza limitazione alcuna, senza caratteristiche di divisione e separazione. Il suo nome è Sentire Assoluto. Il Sentire Assoluto rappresenta tutto ciò che esiste e contiene in sé tutto, senza limiti di spazio, di tempo e senza successione. È chiamato anche Prima Causa increata e forse, per voi umani, potrebbe essere paragonato a Dio. Però attenzione, perché il Dio che voi intendete è qualcosa di esterno e superiore a voi che tutto ha creato come in una sorta di gerarchia piramidale.

In questo caso l'Assoluto è l'Essere senza vincoli e senza definizione alcuna se non quello che contiene in sé tutto e che trascende la somma del tutto. Quindi anche voi con i vostri piccoli Sentire in senso lato e i vostri Sentire di Coscienza che si accrescono tra le varie vite, fate parte dell'Assoluto che è Tutto. È un po' come dire che il Sentire Assoluto non ha un luogo preciso in cui collocarsi né tantomeno un Essere divino in cui personificarsi. Esiste e basta. Non ha contrari, è immobile, onnipresente e non risponde alle leggi umane degli opposti e di una realtà che sembra procedere da una fase a un'altra, da un momento precedente a uno successivo. Non perdere la concentrazione, so che puoi seguirmi ancora un po'. Ora ti illustro un altro concetto, di cui hai già sentito parlare, e che spiega il fatto che da quando eri bambina percepivi il mondo come la superficie di qualcosa di più profondo che intuivi. Come fosse la punta di un gigantesco iceberg. Devi sapere che tutto ciò che ti circonda, il mondo fisico in cui vivi ogni giorno, è un meraviglioso prodotto della vostra percezione di umani. Ricordi quando riflettevi circa la chiave di lettura che gli uomini utilizzano per indagare fenomeni che la scienza non riesce a spiegare? Ebbene, quella chiave di lettura è il potere amplificato dei cinque sensi fisici, reso più potente dagli strumenti che l'uomo e la tecnologia hanno creato. Voi avete in dotazione questi incredibili cinque sensi, che funzionano allo stesso modo per tutti gli esseri umani; sulla base della percezione che tramite questi sensi ne ricavate, date un'immagine e un ordine al mondo. Benissimo, questo avete e questo utilizzate per decodificare la realtà.

Tutto quindi viene letto con la mediazione dei cinque sensi, ma ti sei mai chiesta se l'uomo non li possedesse, come potrebbe essere interpretato il mondo? Considerato che esistono altre specie di esseri viventi quali gli animali, i vegetali e i minerali, e ogni specie possiede altri sensi non umani, il mondo per questi esseri sarà diverso. Loro non possiedono ancora un Sentire di Coscienza, poiché sono impegnati nelle loro vite a formare il Sentire di base che parte dalle semplici sensazioni recepite dall'ambiente esterno (es. caldo/freddo, fame/sete etc.). Pian piano anche loro formeranno un Sentire di Coscienza più ampio partendo dalle loro forme, fino a giungere a quella umana. Passeranno di vita in vita fino ad arrivare a diventare umani una volta acquisita la Coscienza base sufficiente per evolvere ancora di più. Questo è il percorso che tutti voi umani avete compiuto. Quindi, tornando a parlare di sensi, quale sarebbe il vero mondo? Quello percepito dai cinque sensi dell'uomo o quello codificato dalle sensibilità e dai sensi di altri esseri viventi? Perché l'uomo ritiene di avere la supremazia delle specie e di possedere quindi l'unica vera chiave di lettura della realtà?

Potresti pensare che l'uomo sia l'essere più evoluto e su questo non posso darti torto, ma da qui a dire che esiste l'immagine di un solo mondo che si esaurisce quando si raggiunge il limite imposto dai sensi, è solo una delle tante limitazioni umane. La scienza stessa, indagando nel particolare della realtà fisica, è arrivata a scoprire la struttura di molecole e atomi. Tutti gli oggetti e i corpi quindi sono costituiti da atomi con la medesima struttura e funzione, ovvero quella di dar vita e corpo alla materia. Ma scendendo ancora più giù, a voler capire cosa si cela oltre l'atomo, cosa si scopre? Un mondo infinitamente piccolo che porta al limite della materia, per arrivare a scoprire l'esistenza di una realtà indifferenziata. La fisica quantistica ha messo in luce queste scoperte, andando oltre l'atomo e scoprendo una realtà infinitamente piccola. Con l'utilizzo di apparecchi sofisticatissimi è arrivata ad ampliare il senso della vista fino al limite massimo, evidenziando però la loro incapacità a cogliere ciò che sta oltre. Pare infatti che non si riesca a vedere più nulla, se non qualcosa di indifferenziato. Dov'è quella matrice fisica che costituisce tutto il mondo che percepisci?

Non è forse che tutti gli umani sono dotati di un incredibile strumento che decodifica tutto, formando immagini e restituendo sensazioni? Tutti i cinque sensi fanno capo all'encefalo, centralina di smistamento ed elaborazione degli stimoli visivi, olfattivi, tattili, gustativi e uditivi. Io lo definirei sede della creazione di tutto ciò che viene percepito. Non è l'occhio che vede l'immagine e percepisce i colori, è il cervello che in sinergia col suo strumento, la retina, crea istantaneamente quello che voi vedete. La fisica quantistica è arrivata a scoprire verità scioccanti che ancora non sono state ben comprese, ma che presto lo saranno. Gli esseri umani devono solo rendersi conto di far parte di qualcosa che va ben oltre il mondo dei cinque sensi e questo qualcosa ha una sua struttura e una sua costituzione specifica in piani di esistenza diversi da quello fisico. Com'è complicato vero?

Sì, lo è, ma c'è qualcosa di talmente logico e razionale in tutto questo che non ti può lasciare indifferente. So che tu non sei insensibile a questi argomenti. Hai da sempre cercato una spiegazione a quello che da qualche parte nel tuo profondo sentivi. Non ti sto introducendo a una nuova religione, no, affatto. Non si parla di religione e di credo. Le religioni servono all'uomo per credere in qualcosa che possa affrancarlo dal dolore, dandogli una speranza. Non che non siano utili i vari credo di tutti i popoli del mondo, anzi. Servono come base per far rispettare i valori morali e per dar vita alla natura mistica della razza umana. Ma in nome delle religioni, gli uomini operano differenze, stragi, estremismi e sottomissioni, a favore di un'organizzazione che ha più dell'umano che del divino, mentre quello che voglio farti comprendere arriva a contenere tutto senza distinzioni, senza un più e un meno, senza caratteristiche di superiorità e inferiorità. È il Tutto di cui siete parte e che siete voi. Non esiste un tempo, né uno spazio come lo concepite voi. Anche quelle dimensioni sono molto umane e frutto della percezione dei sensi. Si chiama in divenire la realtà che percepite, perché passa da un tempo a uno successivo, da un passato a un futuro, transitando dal momento presente.

Ecco l'ultimo concetto che introduco oggi, sperando tu sia arrivata fin qui senza scomporti in mille pezzi. Nel piano fisico, astrale e mentale, il tempo e lo spazio esistono, ma in maniera soggettiva, ovvero condizionati dai sensi. Nel piano fisico sono i cinque sensi del corpo, nel piano astrale ve ne sono altri che inducono a una percezione di queste dimensioni ancora diversa e nel piano mentale ciò che resta sono i pensieri e il sapere intellettivo, quindi il tempo e lo spazio sono concepiti in relazione a questo piano. E oltre? Ti chiederai. Oltre c'è il Sentire di Coscienza che si va strutturando appunto di vita in vita ed è il bagaglio accumulato dell'individuo nel corso delle sue molteplici esistenze. Il tempo e lo spazio in questo piano, detto piano Akasico o piano della Coscienza, non esistono. Mentre con le varie vite i tre corpi (fisico, astrale e mentale) si vanno perdendo e riformando per ogni nuova incarnazione, il piano della Coscienza non si perde mai e si amplifica sempre di più. L'uomo non ha memoria di ciò che è stato nelle varie vite, non ha ricordo dei suoi vari Sentire in senso lato che hanno caratterizzato tutte le sue numerose esistenze. Ma conserva questo immenso contenitore di Coscienza sempre più elevato in termini di Sentire.

Il tempo e lo spazio sono dimensioni necessarie nei piani in cui l'animo umano vive occupando i suoi veicoli (fisico, astrale, mentale), poiché la mente umana non può andare oltre i suoi limiti di percezione e tende a vedere un tempo che scorre e uno spazio tridimensionale occupato dai corpi. Ciò che è presente in realtà è una dimensione senza tempo e spazio, dove tutto esiste contemporaneamente e simultaneamente nello stesso momento. La vostra vera Coscienza, il vostro vero Essere, vive in questa dimensione. Tutto il resto è illusione, un'illusione così ben strutturata da sembrare reale. E allora come possono gli esseri umani percepire il mondo che si articola tra tempo, spazio, immagini e colori? Perché la loro consapevolezza, che è diversa dalla Coscienza, è presente dove vive il veicolo più grossolano, cioè il corpo fisico, e in parte anche in quello astrale e mentale. Ed è nella consapevolezza di essere solo un corpo fisico che l'uomo cade in errore e si fa illudere dai sensi che possiede, dando un ordine a ciò che percepisce e chiamandolo realtà. Dopo la morte infatti gli esseri umani perdono il corpo fisico e pian piano anche quello astrale e mentale, fino a essere solo Coscienza, quella che hanno formato fino ad allora.

Tutto quello che vivi, è utile ed essenziale in ciascuna fase che attraversi, perché si tratta di un percorso evolutivo che nulla ha di casuale e di caotico. Niente è a caso, nessuno è in mano a un Dio che ha creato tutto per vedervi morire in stragi e tragedie, restando indifferente. Questo lo pensa l'uomo. Devi capire che hai in mano tutto e che tu stessa, insieme a tutti gli altri esseri umani, possiedi la chiave di ciò che crei e percepisci, di ciò che sei e a cui sei destinata. Il divino siete voi, frazionato nei tanti Sentire che vi caratterizzano, nelle tante percezioni così diverse, eppure uniche. Tu non sei un individuo che sente, SEI IL SENTIRE STESSO. E ora? Chiudi il messaggio e torna a correre".

Le servì un attimo per riprendersi. Alzò gli occhi e si guardò intorno accorgendosi di essere in mezzo a una radura di bosco tappezzata da un manto scricchiolante di foglie secche. Mentre leggeva si era pian piano spostata dalla quercia dove prima si trovava, fino a quel pezzetto di bosco un po' più in là, in mezzo ad alberi e a cespugli di rovi selvatici. Abbassò lentamente il braccio che reggeva il cellulare, lasciandolo immobile e disteso lungo il fianco, fino alla gamba. Respirava male e si accorse di tremare leggermente mentre riprendeva il controllo di tutto ciò che la circondava. Si sentiva nervosa e allo stesso tempo stordita, con la testa pesante e la sensazione di aver perso ogni punto di riferimento.

"Guardati intorno" ripeteva a sé stessa, cercando di introdurre più aria che poteva nei polmoni, per non sentire quel peso, quell'oppressione. È solo ansia, pensava, e sapeva che era vero perché aveva gli stessi sintomi di un attacco di panico pronto a manifestare tutta la sua potenza. Vide la sagoma spettrale di Mr. Black spuntare da dietro il tronco di un albero, con un ghigno insistente sul viso pallido e tagliente. Seguì il suo primo istinto e respirò a fondo, fino a sentire male alle costole, poi con uno scatto fulmineo raccolse tutta la forza che le rimaneva per scagliarsi contro quel mostro che non aspettava altro che un istante come quello per prendere possesso del suo corpo e della sua mente. Questa volta non sarebbe stato così, era lei la più forte.

Uno scatto veloce e le suole delle Nike scricchiolarono, emettendo un rumore simile a un fruscio. Un attimo, vissuto come fosse dilatato nel tempo, frazionato in tanti piccoli frammenti di immagini a immortalare ogni sequenza di movimento. Eccola lì, sospesa, in corsa verso il suo peggior incubo, pronta a riprendersi la sua vita, il suo presente. Mentre correva, puntava gli occhi nelle pupille incavate e vitree di Mr. Black, con la ferocia di un animale determinato a divorare la sua preda. Quella rabbia la portava ovunque ed era la compagna fidata dei momenti in cui aveva dovuto difendersi e lottare. La conosceva perfettamente perché più volte l'aveva salvata da rovinose fini e perdite di dignità.

Ora la battaglia non era più con qualcosa di esterno, ma con sé stessa. Con quella parte putrida e viscida che incarnava le sue peggiori paure, dando loro un aspetto e un'identità. "Meglio fuori che dentro" ripeteva spesso tra sé, ma aveva capito che vedere le sue paure personificate in Mr. Black non contribuiva affatto a fare in modo che venissero meno. Ciò che provava restava immutato e orribile come una pugnalata dritta al cuore. In quel momento dilatato e fuori da ogni tempo immaginabile, con un balzo fulmineo si trovò accanto al tronco d'albero da cui pochi secondi prima era comparsa la sagoma imbruttita di Mr. Black. La sua determinazione era così forte che allungate le mani per afferrarlo, si ritrovò a stringere aria. Era scomparso, dissolto nel nulla.

La sua personalissima battaglia contro il mostro aveva avuto successo. Almeno per quel giorno. Gli istanti si normalizzarono, il corpo si fermò di colpo abbracciando il tronco d'albero ruvido che odorava di legno umido. Lo strinse come fosse stato una persona che non vedeva da tempo. Pochi minuti dopo si accasciò a terra, abbandonandosi alla distesa di foglie colorate che la accolse come una grande madre. Rimase lì, seduta in malo modo, con una gamba schiacciata sotto il peso del corpo e l'altra allungata e distesa in avanti. Si chiese cosa le stesse succedendo. Pochi minuti prima aveva letto il messaggio del misterioso mittente e si era ubriacata di parole. Quei concetti tanto complicati le restituirono un'immagine d'insieme che le infuse serenità, facendola sentire a casa. Aveva letto tutto velocemente, ma con estrema attenzione, e le era parso di avere a che fare con un puzzle complicatissimo che andava man mano costituendosi, uniformando le sue parti.

La mente era offuscata e stanca, ma comprendeva il disegno più grande di quel qualcosa che misteriosamente le veniva svelato e avrebbe voluto saperne di più, fare domande, cercare risposte. Ora che si trovava seduta e sola in mezzo a un bosco, sfinita per lo sforzo di concentrazione e provata per lo scontro con Mr. Black, si chiese cosa avrebbe potuto fare per riprendere in mano la situazione e tornare al tanto normalissimo presente che la aspettava. Con una mano afferrò una foglia rossa a sei punte dalle venature scure. La tenne delicatamente sul palmo, anche se sapeva che ormai non aveva vita poiché era caduta da un albero, come le migliaia di altre foglie distese tutte intorno. Non voleva farle male, perché forse in qualche minuscola cellula del suo corpo esisteva ancora un Sentire, un esserci. Si commosse un po' osservando lo spessore inconsistente di quella creatura che si muoveva a ogni alito di vento.

"Chissà se qualcosa dentro di lei mi può sentire". Poi il pensiero andò al meraviglioso rosso rubino che pareva il quadro straordinario di un artista particolarmente ispirato e si chiese se quel colore fosse davvero una creazione dei suoi sensi. Se tutto il mondo che vedeva e sentiva fosse davvero il prodotto di un'elaborata struttura codificata dai cinque sensi? Quest'ipotesi la scioccava e la lasciava ferma a un *forse* che le stava troppo stretto. Conosceva bene la chimica e la biologia, l'anatomia e le strutture del corpo, ma mai si era spinta così oltre, a indagare questioni come l'esistenza della Coscienza, del mondo delle percezioni creato dai sensi e così via. In effetti tutto le era stato insegnato come dato di fatto, come un insieme di nozioni scontate, non nel senso di ovvie, ma nel senso di presenti in quel determinato modo e come tali mai messe in discussione. In quel momento, seppur confusa ed esausta, intuì con più forza quello che aveva sempre sentito fino ad allora. Ciò che vedeva, il mondo fisico che viveva ogni giorno, le sembrava la superficie perfettamente levigata e smussata di un Tutto che aveva radici ben più profonde e forse, forme diverse.

Con un soffio sollevò la foglia dal palmo della mano e la vide adagiarsi dolcemente sul manto di altre foglie simili distese intorno. La accarezzò per un secondo ancora e pensò: *chissà se sono io a darti quella forma e quel colore. Bè, se riesco a fare questo, sono davvero brava, perché sei un capolavoro*. Con movimenti lenti e cadenzati si rialzò da terra e ancora una volta si guardò intorno. Il silenzio era disturbato dal canto sommesso di un uccello in lontananza. Stava imbrunendo e cominciava davvero a fare freddo. Si strinse nella giacca del completo da corsa che indossava e pensò che una volta a casa avrebbe riletto ancora quella e-mail e magari preso degli appunti per non lasciarsi sfuggire i punti chiave. Ancora non sapeva cosa la spingesse a fare tutto questo. Sentiva solo una forte attrazione per quelle parole e aveva sete di capire, di scoprire. Si portò i capelli troppo lunghi all'indietro, prese un respiro profondo e si mise a correre seguendo la pista a ritroso.

Un'immagine veloce le passò nella mente, con le ultime parole del messaggio scritte in nero corsivo a fine paragrafo: *"E ora? Chiudi il messaggio e torna a correre"*. Sì, il suo amico misterioso sapeva dov'era e cosa stava facendo. Lo sentiva presente e vicino, e ancora di più, come fosse ovunque tutto intorno. Aumentò la velocità e cominciò ad ansimare. Voleva sentire il suo corpo, voleva arrivare da qualche parte – chissà dove – e quella corsa era la porta d'accesso a un percorso senza fine e senza meta. Vedeva macchie colorate a lato degli occhi e ombre di alberi. Vedeva le sue gambe muoversi e le sue scarpe pestare terra e foglie. Sorrise tra sé e sé e si sentì forte per la prima volta dopo molto tempo.

I MIEI APPUNTI

Aprì gli occhi e la prima cosa che vide fu la parete di fronte al letto, tappezzata di listelli in legno. Adorava quel legno e il senso di calore che dava all'aspetto della casa. Le ci volle un attimo per rendersi conto di dove fosse, come si trovasse a tornare da un lungo viaggio d'incoscienza. Si stropicciò gli occhi ancora distesa nelle coperte calde del letto e sbadigliò rumorosamente, allungando le braccia sopra la testa. Quei movimenti consueti e automatici quella mattina le sembrarono diversi, con la particolarità di qualcosa di nuovo. Merito forse di quella sensazione strana che si era fatta strada dentro di lei, fino a scavarle un percorso con tanto di segnaletica e un punto preciso a cui arrivare.

Si sentiva diversa, forse migliore, nella sua nuova forma che era la stessa di sempre. Aveva una rinnovata consapevolezza: forse niente era così casuale in quel mondo, il suo mondo, che le era sempre parso affidato al caos e imbruttito dalla cattiveria umana. Forse, perché ancora doveva ben capire il significato di quelle parole, di quelle frasi scritte nero su bianco come a voler rimarcare il loro messaggio. Ora, ferma e distesa in un letto, sentiva il suo corpo magro allungarsi e diventare sempre più sottile; avvertì distintamente i muscoli doloranti e le ossa emettere un *crac* poco rassicurante. Le faceva male tutto, come da mesi a questa parte, ma quella mattina i soliti dolori erano mitigati dai pensieri del giorno prima, dal ricordo della corsa e della e-mail, dalla vittoria contro Mr. Black e dalla lunga notte passata a rileggere quell'incredibile messaggio.

Si voltò alla sua destra cercando Cloe ma trovò solo un nodo di coperte e la felpa del suo pigiama arrotolata. Allungò un braccio verso la metà opposta del letto e aprì il palmo, a tastare la superficie liscia del lenzuolo giallo che copriva il materasso. La sensazione del freddo e delle pieghe del lenzuolo le passò all'istante dalla mano al cervello, traducendosi in immagine. Un'immagine che conosceva, un'associazione che probabilmente la sua mente faceva da sempre. In quel momento riportò l'attenzione ai pensieri della sera precedente, e alle riflessioni cui aveva dato spazio, che andavano dal funzionamento dei meccanismi di percezione alle varie definizioni di Coscienza che aveva sentito nominare nel corso degli anni. Secondo la scienza e la medicina, la Coscienza, il senso di Essere dell'uomo, aveva sede nel complesso funzionamento del cervello. Questa teoria forse un po' cinica e prettamente scientifica definiva l'encefalo e l'insieme delle sue strutture come la porta d'accesso a tutti i meccanismi bio-fisiologici dell'uomo, dalle funzioni vegetative a quelle regolatrici delle attività degli organi, alle più sofisticate attività di pensiero. Nonché quelle emozionali, che si riteneva fossero i prodotti dell'influenza di alcuni specifici neurotrasmettitori.

La Coscienza quindi, secondo queste teorie, aveva origine proprio nella complessa funzionalità delle strutture encefaliche. Sarebbe stata perciò un prodotto fisiologico dell'attività di un organo deputato al funzionamento di tutto l'organismo. Ma come si potevano quindi spiegare le migliaia e migliaia di esperienze di premorte vissute da persone di ogni razza, stato sociale e cultura di tutto il mondo? Aveva letto numerosi libri sull'argomento e tutti sostenevano, in base a ricerche scientifiche e raccolta di testimonianze, che queste persone, dichiarate morte per qualche secondo o minuto, provavano sensazioni simili e vivevano esperienze straordinarie. Tutte si trovavano fuori dal proprio corpo, lo potevano vedere e potevano percepire e sentire tutto ciò che accadeva attorno a loro. Quello che era straordinario, era la percezione che queste persone avevano di loro stesse, come fossero presenti nell'ambiente e nel luogo dell'accaduto in modo totalitario. Una presenza che si estendeva al concetto di essere dappertutto, senza limiti di forma e di spazio-tempo.

Al solo pensiero, alla sola emozione che provavano nell'osservare la scena del loro corpo privo di vita, potevano spostarsi in stanze diverse senza varcare ostacoli fisici. Potevano recepire ogni parola, ogni sensazione dei presenti e ogni stato d'animo. Questo le faceva pensare che se la Coscienza fosse stata solo il prodotto biologico di un cervello, il senso di esistere che queste persone conservavano, arricchito da sensazioni come la capacità di essere ovunque senza limite alcuno, non poteva avere spiegazione logica, poiché in quell'istante il loro cervello non risultava funzionante. Mettere a confronto quello che sapeva con quello che quel messaggio le aveva comunicato, le fece trarre solo delle ipotesi e delle conclusioni di cui non poteva avere certezza alcuna. Preferiva affidarsi a quello che più sentiva come intuizione e come emozione, perché quello era il canale che prediligeva e che l'aveva guidata nei percorsi adatti a lei fino a quel momento. Emozione, sì, quella cosa che stringeva la gola e scombussolava lo stomaco, fino a salire agli occhi e fermarsi lì. Chi sapeva leggerla si perdeva dentro agli sguardi delle persone e lì trovava la vera natura di un essere umano, il vero specchio di un'anima simile a tutte le altre, senza distinzione di ruoli e differenze. A lei piaceva guardare così le persone e interpretare in questo modo le cose di cui veniva a conoscenza. Un Sentire di pancia, d'istinto, che andasse dritto al cuore, senza barriere e sovrastrutture.

Si alzò dal letto con uno scatto, liberandosi dalla troppa immobilità della notte e si fermò un secondo seduta ad ascoltare le fitte pungenti provenire dalla spalla sinistra. *Ci risiamo*, pensò, portandosi una mano alla spalla. In quel momento arrivò scodinzolando Fumé, ansimante di gioia.

"Eccoti qui!" le disse, grattandole la testa e il collo.

Ogni mattina si salutavano in quel modo e Fumé le dava il buongiorno, sempre festosa e di buonumore. Era un saluto speciale per iniziare la giornata nel migliore dei modi. Cloe l'aspettava in cucina, con la colazione pronta e l'immancabile tazza di caffè nero bollente, rigorosamente non zuccherato. Ancora non le aveva detto nulla delle e-mail perché voleva prima mettere ordine dentro la sua testa e capire in cosa si fosse cacciata. La giornata si preparava a iniziare, affollata come al solito e grigia come il tempo che si scorgeva dalla finestra. Mentre beveva il caffè e si vestiva, Alex cercò di azzerare i pensieri e di concentrarsi solo sulle piccole e banalissime azioni di ogni giorno. Ogni piccolo movimento ripetuto le ricordava che aveva un corpo funzionante e un cervello ancora attivo, che era presente a sé stessa e aveva a disposizione ancora un giorno da vivere. In silenzio ringraziò qualcosa, forse l'intero Universo per aver ancora l'opportunità di un giorno in più da trascorrere viva. Si accorgeva della grande fortuna che possedeva. Anche se pensava di non essere perfettamente in grado di vivere i suoi giorni nel migliore dei modi, credeva di fare il possibile in base a quello che di volta in volta le era consentito. Consentito da cosa o da chi non lo sapeva. Probabilmente da sé stessa e dai limiti personali che ogni giorno cambiavano e toglievano barriere da una parte per erigerle dall'altra.

Si allacciò le scarpe e si preparò a uscire per le

commissioni della giornata. Prima di aprire la porta si accorse dei foglietti che aveva appoggiato distrattamente la sera prima, vicino al mazzo di chiavi. Foglietti scarabocchiati pieni di appunti scritti in malo modo, con una penna blu. Ecco dov'erano le tante riflessioni impresse su carta dopo aver letto e riletto il messaggio di quella e-mail per ore. Si fermò un attimo, tenendoli tra le mani e muovendoli piano tra la punta dell'indice e del pollice. Senza pensarci troppo appoggiò le chiavi sulla mensola e, con il cappotto addosso e la borsa già sistemata a tracolla, si lanciò sul divano sobbalzando all'indietro verso lo schienale. Si mise a leggere quell'ordine di parole che non era esattamente un ordine e si fermò a pensare a quello che la sua mente aveva partorito dopo le numerose ore passate a rileggere l'e-mail e fare ricerche in rete. La parola magica era "Sentire". Il "Sentire" era la sola cosa reale della vasta gamma di percezioni dell'uomo. Anzi, l'essere umano non era, come spesso si poteva pensare, una specie di ricetrasmittente che riceveva le informazioni dall'ambiente esterno, ma era il Sentire stesso. Per Alex non c'era cosa più vera di quella. In uno dei foglietti che aveva scritto, spiccava in stampatello questa frase: *"Noi siamo il Sentire. Sarà forse che noi abbiamo libero accesso al mondo delle percezioni, ma questo mondo non è per tutti uguale. Quindi non tutti percepiamo allo stesso modo pur avendo la stessa dotazione di sensi che la natura ci ha dato?"*

Una freccia disegnata collegava queste domande a un punto del foglio poco oltre, sul quale emergeva in carattere corsivo: *"Sentire in senso lato"*. Nelle righe scritte negli spazi seguenti, emergevano altre frasi: *"Ogni Sentire in senso lato è diverso da quello di un altro essere, perché rappresenta l'insieme delle personalità, delle credenze, delle percezioni e dei condizionamenti che una persona sperimenta nel corso della propria vita. Vi possono essere affinità e Sentire simili, ma mai potrà esistere un Sentire identico. Ciò che ci accomuna: Sentire di Coscienza".* La stessa freccia di prima scarabocchiata in qualche modo e poco più distante un'altra frase: *"Il Sentire di Coscienza può quindi essere ampliato grazie alle varie vite di cui un individuo fa esperienza, ma arriverà a essere al massimo della sua ampiezza solo dopo che nell'uomo cadranno tutte le limitazioni che costituiscono la sua personalità, ovvero il suo Sentire in senso lato".* Quindi ecco la naturale conclusione del suo ragionamento: *"Anche il Sentire di Coscienza, dato che cresce e si sviluppa, può essere relativo. Può perciò essere in formazione e arrivare a contenere man mano differenti Sentire di più persone. È qui che si ha un'unione di Sentire identici che si esprime in un Sentire di Coscienza".*

Sì, le era chiaro, ma le mancava un pezzo. In che modo i Sentire affini si unificavano in un unico Sentire di Coscienza? Forse era come una crescita esponenziale in cui, al cadere dei limiti e delle "ristrettezze mentali" di un individuo, si formava un nuovo modo di Sentire che portava quell'individuo a unirsi ad altri individui a cui era caduta la stessa limitazione. Ma questa unione non poteva che verificarsi solo nel Sentire di Coscienza, cioè in qualcosa di più ampio e nobile del Sentire dato dalle percezioni, dai pensieri e dalle emozioni di personalità diverse. Ecco la Matrice, il punto d'inizio che avrebbe poi portato ancora più oltre, al Sentire Cosmico e infine, al Sentire Assoluto, che è l'Uno senza contrari. È "Tutto ciò che esiste". Pensò a tutti quei Sentire in senso lato che caratterizzavano ogni persona, che potevano avvicinare o allontanare, che facevano innamorare o suscitavano astio e risentimento. Pensò a quanto queste differenze fossero in realtà le percezioni di un Sentire relativo che si definiva tale solo perché chiuso dentro a una serie di limiti. Tutto le tornava, come se i pezzi del puzzle cominciassero realmente a ricomporsi, definendo un quadro d'insieme che meglio descriveva la natura umana di un mondo relativo. Relativo perché ne descriveva solo una parte, un piccolo tassello.

Ci si prendeva, ci si scontrava, ci si amava e odiava nella misura in cui queste differenze venivano sentite e provate. E per ognuno tale realtà era diversa. Tutto ciò si articolava in una dimensione fisica, emotiva e di pensiero che era soggetta al cambiamento, poiché i pensieri e le emozioni potevano mutare ogni qualvolta ci si trovava a vivere una situazione di vita esterna. Alex si accorgeva di mutare persino di giorno in giorno, di momento in momento, e non capiva bene cosa la facesse cambiare e perché nascessero pensieri nuovi ed emozioni così diverse da sembrare di passaggio. Un passaggio obbligato, così sembrava, attraverso la realtà di una vita in continuo muoversi, percepita da tutti come qualcosa che trascorre, che si struttura e si modifica nel tempo e nello spazio. In effetti, il mutare del suo Sentire, sia esso in senso lato, sia, forse, nella Coscienza attraverso il passaggio di più vite, sembrava desse vita a individui sempre diversi. Sembrava che lei, Alex, non fosse più Alex da un momento a un altro, ma un'altra persona. Poteva forse questa differenza che le sembrava sussistere tra i suoi vari Sentire, essere la stessa anche tra un individuo e un altro? Alex pensava potesse essere diversa dalla sé stessa di anni, giorni e ore prima, così come lo era da altri esseri umani.

Ma questa percezione di qualcosa che si svolge da un momento a un altro, da un passato a un futuro, sfruttando il tempo, come poteva essere illusione?

Eppure quand'era nata, era una piccola creatura che piangeva sputando bava dappertutto, e ora aveva un corpo diverso, adulto, e tanti ricordi dei trenta-quattro anni passati. Ricordi gioiosi, dolorosi, istanti di vita vissuta ed esperienze accumulate. La sua memoria parlava chiaro, da quando aveva facoltà di immagazzinare immagini ricordava sé stessa piccina diventare sempre più grande, fino ad arrivare al suo oggi. Era questa la percezione del divenire. Se questa percezione fosse il solo modo possibile per la mente umana di interpretare la realtà? La memoria era uno strumento potente ed essenziale che dava un senso all'Io e una sensazione di procedere da un prima a un dopo ma, come le aveva detto il suo amico misterioso, anche individui senza memoria potevano preservare un Sentire di Coscienza e un sentirsi di esistere. Forse per questi individui esiste-va solo il presente. Si trovò a procedere a tentoni nel grande mondo delle spiegazioni che aveva cer-cato di dare e ne ricavò tanti foglietti scritti e tante domande ancora da porsi.

La Coscienza era la vera anima nobile dell'uomo, la soluzione a tutte le avversità e le battaglie che l'essere umano ergeva contro sé stesso. In fin dei conti, l'aveva sempre pensato, erano tutti la stessa cosa, avevano tutti la stessa origine e provenienza. Le differenze esistevano, ma solo nel piano di una fisicità e di una vita terrena, con il Sentire in senso lato. E poi? Dopo la morte? La Coscienza c'era, in questo immenso contenitore che conservava il cuo-re di più esistenze e che rappresentava il vero Sé in comunione con gli altri Sé della stessa ampiezza. Quindi, due individui con due Sentire in senso lato diversi avrebbero potuto avere lo stesso Sentire di Coscienza, nonostante esperienze diverse di vita.

La caduta dello stesso limite poteva benissimo seguire vie diverse, vite diverse. Ma il Sentire sarebbe stato Uno. E questo Sentire stava in un luogo chiamato piano Akasico. Wow! Che gran scoperta!

Ammesso che fosse vero, tutto questo le diede sollievo e speranza. Di certo il piano Akasico doveva essere un piano diverso da quello fisico. Un luogo ideale, ammesso che di luogo si potesse parlare, per poter ospitare la Coscienza. E i limiti umani in cosa consistevano? Probabilmente erano quelli che confinavano una vita in un modo di vedere ed erano il risultato della stessa percezione dei sensi. Se un uomo poteva percepire con i suoi cinque sensi, ma questa percezione rappresentava solo un piccolo frammento di tutto quello che poteva essere ipoteticamente percepito, allora i limiti di quest'uomo erano chiari. I limiti dei cinque sensi e i limiti della mente e delle emozioni. Insomma un essere con "poca Coscienza", cioè con poca comprensione del mondo e degli altri era per forza limitato. Gli altri, intesi come esseri umani, non erano poi così disgiunti e separati l'uno dall'altro. Erano parte di sé e come aveva letto nei messaggi della e-mail, arrivare ad abbracciare gli altri fino a contenerli in sé, vivendoli con vero altruismo, era uno dei passi che una Coscienza adeguatamente formata avrebbe messo in atto. Un mondo senza guerre e senza giochi di potere quindi? Sarebbe stato fantastico. Tutto questo processo, per come aveva capito finora, era graduale. Ogni essere umano ne era parte e cresceva di volta in volta, coltivando la sua Coscienza fino a che diventasse più ampia.

"Forse non siamo così soli nell'Universo come si potrebbe pensare" commentò a voce alta mentre Fumé la guardava inclinando la testa da un lato e muovendo le orecchie in segno di curiosità. "Sì, piccola, non siamo soli" le disse dandole un buffetto sul naso nero e umido. "Tu che ne dici?" continuò, pensando che Fumé, essendo un cane, avesse una Coscienza che un giorno, prima o poi, sarebbe diventata umana. Alex era certa che lo sarebbe diventata presto.

Lasciò il pensiero a mezz'aria e tornò a concentrarsi sui foglietti, sfogliandoli uno per uno per leggerne il contenuto. Conosceva abbastanza la fisica quantistica da aver già masticato i concetti di assenza di tempo e di spazio. Ricordava che era stato provato scientificamente un fenomeno quantistico molto importante, quello dell'Entanglement, che aveva provato minuziosamente a schematizzare sopra i foglietti. In pratica le particelle di una sostanza, di un corpo o di un elemento, venivano separate e poste a una distanza sufficiente perché non fossero in prossimità l'una con l'altra. L'incredibile era dato dal fatto che queste particelle si comportavano allo stesso modo nello stesso istante. Ciò che una sentiva e manifestava in un dato momento, sotto influenza dell'ambiente, lo manifestava anche l'altra. Come se tra loro non ci fosse spazio, né tempo, né separazione. Una specie di legame d'amore che le univa e le rendeva parte di un'unica cosa indifferenziata. Ipotesi che aveva lasciato gli scienziati a bocca aperta e si era consolidata negli anni con altri esperimenti della stessa natura. Questo poteva spiegare le percezioni extrasensoriali che a volte si avvertivano quando si avevano premonizioni circa avvenimenti e persone.

Alex le aveva avute spesso, sottovalutandole il più delle volte, e scoprendo solo dopo che ciò che aveva previsto si era realizzato. Il più delle volte le premonizioni riguardavano fatti insignificanti, del tipo "Ora mi chiamerà la tal persona" e puntualmente qualche istante più tardi squillava il telefono. Erano in tanti ad avere questo tipo di premonizioni. Se questi avvenimenti fossero il risultato di un "pescare" delle informazioni dal grande serbatoio del Cosmo? Informazioni che stavano semplicemente lì, senza collocazione temporale e spaziale, per essere carpite da qualcuno? Immaginò una grande rete che collegava tutto e tutti, una sorta di intreccio di fili che univa una creatura a un'altra. Una grande Matrix universale, come nei film di fantascienza. Il tempo poteva davvero non esistere? Forse non sulla Terra, in questo piccolo mondo delimitato e ristretto; forse qui si avvertiva al massimo un sentore, una qualche percezione che sconfinava oltre la mente a intuire una realtà ben più vasta.

Ma se ci si svegliava con la luce per poi andare a dormire con il buio, qualcosa era trascorso, passato, no? Quello era il tempo, lineare e scandito dalle lancette di un orologio. E lo spazio? Il contenitore del tempo e dei corpi. La vita sulla Terra non poteva prescindere da queste due dimensioni, non per un cervello umano, tantomeno per il suo, che lavorava tanto ma giungeva a poco. Immaginare però una realtà che "stava sopra", meno separata e diversificata perché tutta connessa, dava un senso al caos che le sembrava imperare ovunque. Sì, ci poteva stare. Aveva una sola certezza in tutto questo: ciò che percepiva come tempo, le era sempre sembrato soggettivo. A volte c'erano giorni che trascorrevano velocissimi, altri invece passavano al rallentatore. Momenti di noia che non trascorrevano mai e attimi di gioia che passavano troppo in fretta.

Aveva sempre pensato che percepire il tempo in questi modi così diversi dipendesse solo da lei e da una cosa in particolare: dalle emozioni che provava. Erano quelle le vere conta tempo, i veri segna passi delle ore e dei minuti. Ciò che si muoveva non erano le lancette di un orologio, i giorni, i mesi e gli anni. Era il suo Sentire intimo. La direzione andava da dentro a fuori, da qualcosa di interiore che diventava concreta realtà esteriore. Ed ecco il tempo secondo le emozioni, l'unità di misura per eccellenza. Questa era la sua sola e unica certezza. Una certezza che conosceva bene e che le aveva sempre fatto dubitare del tempo come misura standard oggettiva e sempre uguale. Niente poteva essere uguale se il tempo per ognuno era scandito da qualcosa che proveniva da dentro e non da fuori. Questo la convinceva sempre più a pensare che quello che si viveva come mondo esterno, fosse un prodotto in realtà interno e strettamente personale.

Il Sentire.

Io sono quello. Punto. Ed è già tanto averlo capito. Quindi, se io sono un Sentire, tutto ciò che mi fa da contorno rappresenta l'ambientazione adatta al mio Sentire, pensò puntando gli occhi dritti davanti a sé, scrutando la stanza in penombra. Il luogo in cui era nata, i genitori che le avevano dato la vita, il periodo storico, la cultura e la società di quel tempo, il suo corpo. Poteva tutto questo essere il substrato ideale per fare in modo che il suo Sentire fosse sperimentato? Credeva che se solo una di queste caratteristiche fosse stata diversa, lei non sarebbe stata la stessa. Era come se il Sentire di un individuo seguisse strade precise ed eventi significativi che gli permettessero di esprimersi come tale. Se pensava alla sua vita, una sola tra le miliardi di vite umane di tutto il pianeta, coglieva gli attimi in cui questa continua espressione di sé aveva subito delle svolte importanti. Attimi di presa di coscienza, di cambiamento. Al solo ricordo di questi momenti di svolta, le sembrò di avvertire un sapore amaro in bocca, qualcosa di sgradevole che si faceva sentire mischiato alla memoria di quei fatti, il più delle volte dolorosi.

Ecco il dolore, altra condizione costante della sua vita. Quel dolore forte che arrivava e stringeva come in una morsa, togliendo il respiro e la voglia di vivere un giorno dopo l'altro. Il compagno di una vita che aveva segnato il suo passaggio scavando solchi profondi. Lo conosceva alla perfezione, mascherato dietro a un sorriso o nascosto dalla rabbia che rendeva tutto più facile. Lo riconosceva anche negli altri, perché ne sentiva l'odore a distanza. Ormai faceva parte dei suoi giorni, prima più di adesso, e segnava le ore scandendo il tempo esattamente come le altre emozioni che provava. In un certo senso si era anche affezionata al suo personalissimo dolore perché lo sentiva come proprio, originale e unico, forse indispensabile. Mentre anni fa credeva che provenisse da qualcosa di esterno, oggi più che mai si accorgeva che era lei stessa ad avere quell'esatto modo di vivere le cose e di vedere la realtà. Perché era la Sua Realtà. Non importava forse quale fosse la natura dei fatti vissuti. Importava invece lo stato d'animo che le si muoveva dentro, il particolare Sentire che si srotolava pian piano nel procedere della vita.

Conosceva persone con una gran voglia di vivere, frizzanti e aperte alle esperienze, in un certo senso "leggere" nel prendere la vita, anche se a volte questa le poteva ferire e disarmare. Persone con grande forza e coraggio, con quel pizzico di ottimismo che non muore mai. A volte a queste persone erano toccate sofferenze indescrivibili, eppure mostravano una capacità di vivere entusiasmante. Come potevano esistere queste diversità tra umani, se non solo nella loro intima realtà? Alex pensava che il dolore fosse un fatto molto personale, un Sentire soggettivo. Lo riteneva il contapassi più importante del tempo e del suo trascorrere. Si era accorta, nei suoi trentaquattro anni di vita, che a ogni grande dolore corrispondeva un cambiamento interiore, di solito atto a migliorare qualcosa. Per questo ringraziava questo sentimento che forse le aveva dato un senso? Si accorse di quanto fosse tardi e nel suo continuo rimuginare di nuovo alzò gli occhi a scrutare la stanza, cercando Fumé, che nel frattempo era andata a nascondersi da qualche parte. Erano passati sì e no dieci minuti da quando si era seduta sul divano a sfogliare i suoi appunti disordinati. Cloe era scesa in garage per portare fuori l'auto e l'aspettava in strada.

"Fumé, andiamo" disse rivolgendosi allo spazio vuoto davanti a sé.

Pochi secondi dopo vide la sagoma scattante di Fumé spuntare dalla camera e correrle incontro festosa. Era sempre pronta a partire, in ogni momento della giornata. Con una corsa veloce si lanciarono giù dalle scale, Fumé davanti a fare da apripista e Alex dietro, a mettere un passo dietro l'altro, correndo divertita. Era uno di quei momenti in cui riusciva davvero a sentirsi senza gravità. Accantonava per un attimo tutto per lanciarsi giù dalle scale con Fumé. Poteva sembrare una cosa stupida, ma per lei non lo era. Riusciva a ritrovare quella spontaneità che aveva accantonato da tempo e per questo si promuoveva custode di quel momento prezioso e tanto, ma veramente tanto, divertente. Sapeva che non doveva farlo perché il regolamento condominiale imponeva controllo e silenzio negli spazi comuni, ma ogni volta se ne fregava altamente. In tutti momenti che poteva, il vicino brontolone di casa si affacciava dal piano di sotto bofonchiando qualcosa nel vano delle scale che suonava come disapprovante. A quel punto era troppo tardi perché Alex e Fumé già si trovavano in fondo alle scale, la prima con una mano sulla bocca per trattenere le risate e la seconda in piedi a sbandierare la coda felice. Una complice perfetta.

"È il nostro piccolo segreto" le disse una volta fuori dal portone di casa, immergendosi nell'aria grigia di quel giorno piovoso.

NEL MIO ANGOLO DI TEMPO

Nei giorni seguenti, Alex si fece prendere da quel rumore di fondo che copriva ogni istante. In questo modo viveva appieno una dimensione densa di impegni che sfruttava per smaltire il troppo rimuginare. Erano passate circa due settimane dall'ultima misteriosa e-mail e, inutile dirlo, l'aveva letta e riletta di nuovo decine di volte, fino a stancarsi gli occhi. Aveva memorizzato ogni concetto e spulciato i suoi vecchi foglietti, aggiungendo altre righe e piccoli disegni. Infine li aveva messi tutti dentro una grande cartelletta con tanti fogli di plastica trasparente, a mo' di ritaglio di giornale. Ora tutto ciò che aveva compreso di quella e-mail era condensato in una cartella consunta dalla copertina blu cielo. Tra le tante cose che l'avevano colpita c'era una frase, la più misteriosa di tutte, che le accendeva un grande punto interrogativo e la trasformava nel migliore dei detective, sempre in cerca di qualcosa o qualcuno: *"Vedo che è ancora una priorità per te conoscere la mia identità, ma ti ripeto che non è così importante, poiché presto mi riconoscerai e capirai che mi conosci da sempre"*.
Conoscerti da sempre... e chi diavolo saresti?, si chiese. Di nuovo quell'insistente domanda che non le dava pace. Però la frase parlava di un "mi riconoscerai", perciò era qualcuno che sarebbe dovuto essere quantomeno familiare. Scrutava con sospetto tutte le persone che incontrava. Partiva dai colleghi per passare agli amici, ai conoscenti e persino agli estranei che le capitava di incrociare al bar prima di iniziare il turno di lavoro. Era diventata paranoica, ma una parte di lei pensava che conoscere davvero l'identità dell'interlocutore misterioso non avrebbe cambiato le cose. E se si fosse rivelato? Forse si sarebbero seduti al tavolo di un pub sorseggiando una

buona birra a discutere di Cosmo, di reincarnazione e di Sentire? Di certo se avesse scoperto di non conoscerlo gli avrebbe chiesto da dove provenisse e soprattutto se fosse umano o non umano, dato che nel messaggio aveva usato spesso il termine: "Voi umani", come se lui ritenesse di non appartenere alla specie. Chissà, magari era un amico, o la collega tanto premurosa e gentile, o la sua responsabile introversa e formale che le aveva in un certo senso salvato la vita il giorno del tanto terribile attacco di panico. Quella direttrice che dava la sensazione di essere molto distante da tutto e tutti, ma che, come aveva sempre percepito, in realtà non lo era affatto. Era più umana di quanto sembrasse. O poteva essere la sua compagna, presente ogni giorno e in ogni momento, che la conosceva alla perfezione e aveva quel modo di concepire la vita così perfettamente simile al suo. Incastrato esattamente nella complessità delle loro vite tanto diverse, quanto uguali, al punto da non poter fare più a meno l'una dell'altra. Poteva essere chiunque. La cosa certa era che sentiva la sua mancanza ed erano trascorse già due settimane.

Quel giorno di inizio novembre Alex si trovò nuovamente nella sala d'attesa di un ospedale, mentre la sera già calava e lei poté vedere dalla finestra del decimo piano le luci dei lampioni accendersi una a una. Il buio arrivava presto ormai, prima di quanto si potesse credere, ed era piacevole essere avvolti dall'oscurità che somigliava a un immenso manto scuro e rassicurante. Aspettava di fare una visita cardiologica mentre stringeva sottobraccio un fascicolo pieno di referti che dava tanto l'idea di essere la cartina geografica dettagliata del peggiore degli ipocondriaci. Ancora non si sentiva tranquilla per il suo piccolo cuore "svalvolato" e aveva prenotato addirittura il primario della struttura, che vantava di avere la nomea di ottimo cardiologo. Mentre passeggiava avanti e indietro nel corridoio attendendo il suo turno, le sedie della sala d'attesa erano ormai vuote e anche questo la rassicurava. Erano rimaste solo lei e Cloe ad attendere insieme a qualche infermiera munita di disinfettante e garze da sistemare. Si respirava aria di fine turno, di libertà e voglia di tornare alla propria vita, incasinata o perfetta che fosse. D'un tratto un uomo di media statura dalla fronte alta si affacciò dalla porta di un ambulatorio e pronunciò a voce alta il suo nome e cognome, guardandosi intorno. Lei alzò una mano per farsi individuare e si avviò con passo deciso incontro al medico. Dopo una visita accurata e la lettura di tutti i referti messi in ordine maniacale, il dottore la interrogò sulle motivazioni della visita. Alex iniziò a parlare e stranamente vide dall'altra parte una persona che non si limitava al ruolo di medico, ma che si prestava ad ascoltare. L'ascoltò veramente, mentre spiegava gli esordi degli attacchi di panico e i vari esami e visite fatte, per poi passare alla paura del dolore che sentiva sul lato sinistro e che temeva potesse essere di origine cardiaca.

"Alex, secondo me lei non ha nulla che non va a livello cardiaco. I suoi referti sono nella norma e la visita di oggi non dimostra alcuna patologia cardiovascolare. Il cosiddetto prolasso della valvola mitrale che le hanno diagnosticato, in realtà non esiste. A volte alcune apparecchiature ecografiche sono datate e visualizzano cose non sempre perfette. Come penso già sappia, la valvola è composta da lembi di tessuto che a volte possono essere più corti o più lunghi del normale, ma questo è del tutto naturale. Semplicemente nell'atto della chiusura si allinea in modo diverso, ma la sua capacità funzionale non cambia. Il prolasso, quello vero, è un'altra cosa: si tratta di una perdita di mobilità della valvola, che si muove troppo oppure si muove troppo poco e risulta rigida. Questi casi in genere richiedono interventi di sostituzione della valvola, ma non è proprio il suo caso". Poi sorrise e aggiunse: "Direi che per il cuore ha fatto tutti gli esami possibili. Le manca solo l'autopsia".

Seduta composta sulla sedia girevole dell'ambulatorio, si lasciò sfuggire una risata mentre allo stesso tempo muoveva l'aria in segno di resa con la mano destra alzata.

"Bè, direi che per quella posso aspettare".

Gli strinse la mano grande e ruvida nella quale la sua si perdeva e uscì nel corridoio illuminato dalle luci gialle, portandosi addosso una piacevole sensazione di sollievo. Quell'uomo di mezz'età che si dimostrava sicuro e consapevole di ciò che diceva, l'aveva tranquillizzata e resa in quel momento una persona migliore. Vedeva il profilo di Mr. Black assottigliarsi sempre di più, assumendo quell'aspetto trasparente ed emaciato che lo faceva somigliare a un fiore appassito, con la trasparenza di un bicchiere di cristallo. L'immagine era strana, ma le restituì una sensazione piacevolissima. Il suo peggior incubo si stava dileguando. Quella sera era d'obbligo festeggiare, perché la sua "farfallina" storta sembrava fosse sana e Mr. Black stava perdendo la sua forza. Pensò all'ansia che l'aveva divorata in quei giorni, a quanto avesse cercato i sintomi del prolasso in internet e alle angosce che le erano inevitabilmente cresciute, perché in rete anche un banale mal di testa poteva voler dire essere in fin di vita. Si era persino iscritta a un gruppo di Facebook intitolato: "Diario di un ipocondriaco" che ironizzava sul disturbo ossessivo compulsivo di chi, come lei, passava ore a leggere i sintomi delle più disparate e strambe malattie. Erano veramente in tanti a vivere quella condizione e ci si poteva fare compagnia a leggere l'uno dell'altro perché non ci si sentiva soli. Il prendersi anche un po' In giro non faceva che alleggerire il tutto e strappare qualche risata.

Lo dirò ai miei ipocondriaci virtuali, pensò mentre usciva a passo svelto dall'ospedale e già pregustava la cenetta che lei e Cloe si sarebbero concesse quella sera, il premio per quell'interminabile attesa di giorni e ansia. Cloe le teneva la mano mentre ridevano ancora alla battuta del cardiologo sul fatto che le mancasse di fare solo l'autopsia. Una trovata originale, glielo riconosceva. Nel traffico disordinato della città, muoversi in auto non era più difficile di quanto sembrasse. Complice in quel momento la sensazione di leggerezza che provava, tutto pareva acquisire una direzione diversa e una prospettiva nuova. Ecco il senso del procedere che ancora una volta cambiava, guidato da ciò che le si muoveva dentro, chiaro come il sole nel momento stesso in cui lo sentiva. Ora si accorgeva di quel *click* che scattava portandola avanti nel tempo o rallentando l'attimo, a seconda dei casi. Prestando attenzione a sé, al suo moto interiore, osservava la realtà esterna cambiare e plasmarsi in armonia con quello che sentiva, come fosse un guanto che calzava alla perfezione.

In quel preciso momento le sembrò che il tempo galoppasse veloce e le sensazioni piacevoli che stava provando si estendessero a tutto, permeando il paesaggio, le luci, i profumi di cibo che sentiva nell'aria e la vita stessa di quell'istante di spazio-tempo. Immaginò un piccolo cuore pulsante carico di energia calda e densa, il cuore di quel frammento di tempo. Lo immaginò come se tenesse in vita quel momento e lo alimentasse con la sua forza. Si figurò quindi quell'istante come fosse vivo nella sensazione di un trascorrere e avrebbe voluto fermare quel tempo che le sembrava sfuggire di mano per continuare ad assaporare quelle emozioni.

"Io sono il mio tempo e il mio trascorrere" si disse, sentendosi incredibilmente forte al pensiero di poter essere l'artefice che dava un senso al tempo, pur restando quest'ultimo un'illusione. "Se solo le persone potessero accorgersi di questo, del valore della loro esperienza per dare un senso all'intera vita, forse smetterebbero di attribuire le loro sventure a qualcosa di esteriore e si renderebbero più consapevoli".

Erano pensieri veloci, messi in fila l'uno dopo l'altro ma ancora molto acerbi per poter arrivare lontano. In fondo chi era lei per poter dire questo o quello alle persone? Come poteva convincere qualcuno di quella che sentiva come verità propria, come personale Sentire? Pensò che non fosse il caso parlare di questo alla gente, poiché ognuno affrontava un mondo personale fatto di eventi, emozioni e fatti che potevano portare a diverse convinzioni in relazione alla vita. Chi poteva dire che un diverso modo di sentire fosse sbagliato? Non esisteva un giusto e uno sbagliato. Esistevano punti diversi di vista e modi diversi di Sentire. Alex era convinta che tutti, nessuno escluso, fossero in viaggio verso una meta che li avrebbe portati a una qualche espansione interiore e si affidava a questo pensiero per avere fiducia. Una fiducia che la vita ogni giorno metteva alla prova, ma forse la vita aveva proprio il compito di cambiare le carte per mostrare nuovi orizzonti da poter vedere. Quegli orizzonti che andavano colti solo se si era pronti a coglierli, altrimenti non era possibile scorgerne nemmeno il lontano profilo.

La prospettiva cambiava, il punto di partenza poteva diventare un punto di arrivo e tutti erano protagonisti del grande gioco dell'esistenza. *Se esistiamo e possiamo percepire qualcosa, un motivo ci sarà*, pensò. Evoluzione, esperimento, creazione divina? La sua mente non arrivava a tanto. Si limitava a pensare e tutto le sembrava un gran casino che in qualche modo seguisse un ordine. Anche il discorso del Sentire Assoluto che si poteva paragonare a Dio era un concetto curioso. Questo organismo senza un prima e un dopo, senza inizio né fine, onnipresente e contenitore del Tutto che era stato creato, da dove aveva origine? Il misterioso mittente l'aveva definito "Prima Causa increata", quindi? Aveva tratto una conclusione forse un po' affrettata ma era quella che riusciva di più a far stare nella testa: l'Assoluto era increato, cioè esistente da sempre e all'origine di tutto. La mente di Alex, come quella di tutti, era abituata a pensare a un prima e un dopo, a fatti che si collocavano per forza nel tempo e non riusciva proprio a immaginarsi qualcosa di onnipresente e immobile che contenesse tutti gli attimi di un tempo che esisteva solo nella dimensione terrena.

Aveva capito che tutto, ma proprio tutto, era parte di questo Assoluto e che come tale non poteva essere definito con una caratteristica precisa, perché quella caratteristica in qualche modo l'avrebbe limitato. Forse non poteva essere limitato, perché non lo era. E forse non poteva essere compreso dagli esseri umani perché l'uomo era un essere limitato. Limitato da cosa? Dalla sua stessa forma, il suo corpo così perfetto che costituiva solo una piccola parte della sua vera natura. Oltre al suo corpo fisico, aveva dei limiti nelle sue forme di pensiero e nei suoi blocchi emozionali. Insomma, quanti ostacoli separavano l'uomo da quella che le era stata spiegata come natura dell'Assoluto? Eppure pensava e sapeva – da qualche parte dentro di lei – che questo Assoluto non poteva essere tanto diverso dall'uomo, perché non avrebbe avuto senso. Che significato poteva avere l'esistenza di un Assoluto, in pratica un Dio, separato dall'uomo? Per come aveva intuito, non era affatto separato dall'uomo, esisteva solo in forma diversa e comprendeva l'uomo in tutta la sua interezza senza esserne distinto.

In quel momento più che mai Alex comprese l'esistenza di tante piccole realtà a sé stanti, tante quante gli uomini viventi dell'intero pianeta. Queste realtà, nessuna esclusa, l'uomo le viveva come separate, differenti a tal punto da non incontrarsi mai e forse nemmeno sfiorarsi. Ma ciascuna di queste realtà, o modi di Sentire, esisteva nell'Assoluto ed era compresa in esso. Perciò l'Assoluto era un insieme di tutto questo e ancora di più. Immaginò un cielo blu notte con tante stelle bianche sparse in un ordine apparentemente caotico nello spazio compreso dalla vista. Quel cielo poteva essere l'Assoluto e le stelle i tanti Sentire in senso lato sospesi al suo interno. Quel che le rendeva il concetto più fluido era la natura stessa di quel cielo, che non poteva prescindere ed essere cosa separata dalle sue stelle, poiché insieme a esse costituiva un complesso che trascendeva ogni singola stella per arrivare a una visione d'insieme, un Tutto Uno. Pensò che ciascuna stella non potesse realmente essere separata dalle altre e l'illusione della separazione fosse il risultato di una frammentazione inevitabile nel piano di esistenza che ogni umano si trovava a vivere, quello terreno.

Le sue erano solo ipotesi, ma le sentiva vivissime e vibranti. Percepiva tutto questo come affine e coerente alla propria intima realtà e le piaceva pensare che finalmente poteva sussistere una spiegazione a quello che la maggior parte degli uomini soltanto intuiva. Riteneva che il bisogno di comprendere della specie umana cercasse in ogni modo di avvicinarsi a un credo che potesse corrispondere al Sentire di ciascuno. Per cui ogni religione veramente creduta poteva portare alla stessa meta, ovvero quel sentirsi parte di un tutto che avvicinava e univa e che dava quella speranza chiarificatrice e quel senso all'esistere che tanto si andava cercando. Solo non si spiegava perché le religioni spesso imponevano un loro pensare e un loro credere che seguisse vie preformate e limitanti. Non si spiegava soprattutto perché venisse detto di credere senza capire, di avere fede senza scendere più nel dettaglio di una spiegazione razionale. Quello che più sentiva nel profondo era la piena soddisfazione nel comprendere la struttura di ciò che per anni si era sempre chiesta, giungendo a un punto per poi fermarsi. Ora credette di avere qualche strumento in più, qualche mattoncino nuovo da incastrare per spuntare una visione più ampia in merito alle cruciali domande riguardanti l'esistenza.

Nell'incalzare della città avvolta nel buio della sera, si sentì stranamente al sicuro all'interno della sua auto. Passando in un'ampia strada congestionata dal traffico e dai rumori, osservò un cartello pubblicitario dov'era raffigurata una spiaggia caraibica e una coppia felice che sorseggiava un cocktail a base di frutta. Sotto l'immagine ben confezionata, emergeva il logo della società che si sponsorizzava e una scritta: " Vivi consapevole, divertiti con noi". Il primo pensiero che le attraversò la mente fu: *Sarebbe quella la vera consapevolezza?* Due personaggi che ricalcavano la perfezione fisica e l'ideale di charme maschile e femminile, potevano facilmente invogliare la gente comune a cercare di somigliare a loro. Da qui la grande attrattiva che un cartellone pubblicitario di quella portata poteva suscitare pescando nell'immaginario delle menti in cerca di un canone di bellezza preciso e uno stile di vita migliore. E il logo dell'azienda che prometteva implicitamente di offrire tutto questo.

Si accorgeva sempre più di quanto la società in cui viveva, quella del benessere occidentale, rincorresse l'apparenza e il senso estetico, meglio se contornato dal possesso di beni materiali di lusso e da denaro. Quello significava "essere consapevoli"? Non comprendeva il significato di quella pubblicità, ma ne capiva il fine e lo giustificava, considerato che l'essere umano era solito appropriarsi di ideali molto distanti dalla sua vera natura, per darsi un obiettivo e un punto di arrivo a cui giungere. Lo concepiva come una battaglia dell'Ego, quel senso dell'Io che tutti avevano e che difficilmente superavano poiché continuava a esternare i suoi bisogni, spacciandosi per il vero Sé. Mentre il vero Sé superava tutto questo legarsi alle apparenze e al potere dei beni materiali allo scopo di apparire e superare gli altri. Il vero Sé era quella Coscienza in espansione a cui non interessava competere ed emergere.

Mai come in quell'istante, seduti in fila un'auto dietro l'altra verso direzioni sconosciute, si era sentita appartenere così intensamente a quella Coscienza umana e trascendente l'umano di cui era venuta da poco a conoscenza. Ora la poteva chiamare con un nome, ma l'aveva sempre sentita viva e pulsante dentro di sé come una voce fuori dal coro.

Era una vita intera che seguiva ispirazioni e intuizioni diverse, fuori dal coro, e ora, grazie al suo amico di penna, aveva scovato un piccolo luogo senza tempo né spazio di cui far parte.
Una casa.

10 MINUTI

Il silenzio che percepiva intorno a sé venne rotto da un rumore di dubbia provenienza. Non capiva se arrivasse da fuori o se l'origine fosse all'interno del suo corpo. Sentiva solo un crescere di vibrazione, un aumentare in intensità di un ronzio che le occupò prima un orecchio, poi si allargò alla testa fino a essere percepito fortissimo anche nell'altro orecchio. Quindi restò ferma ad ascoltare il ronzio sommesso che pareva quello di una stazione radio quando non riusciva a canalizzare parole e musica. *Che succede?*, fu il pensiero fugace e conscio di quel momento lucido e vivissimo. Ascoltò il ronzio propagarsi a macchia mentre scendeva nel collo, nelle spalle, nel torace e nelle braccia, fino ad arrivare al bacino e oltre, estendendosi a tutte le gambe. In pochi secondi il rumore diventò lei e continuò la sua ascesa trasformandosi gradualmente in una fortissima vibrazione, un terremoto della carne e delle viscere. Si articolava facendosi strada in ogni vaso sanguigno, in ciascuna cellula, nelle autostrade dei fasci nervosi, dei tendini e delle fibre muscolari, fino a essere un tutt'uno con la biologia e le strutture del corpo. In quel momento che la vedeva immobile, ogni fibra del suo sé vibrava. Alex ebbe la sensazione di muoversi a una velocità non comparabile ad altre. Com'era strano, eppure piacevole essere immersa in quel vibrare sottile e penetrante.

Pur cercando di dormire, riuscì a pensare in modo chiaro e distinto, cosciente del momento che stava vivendo. Si era coricata poco prima, forse da mezz'ora o un'ora, con la ferma intenzione di schiacciare un pisolino pomeridiano. Si sentiva stanchissima e senza forze e ricordava perfettamente di essersi sdraiata completamente vestita sul lettino da massaggio di casa: "Mi riposo solo un attimo" si era detta, allungandosi sulla superficie del lettino ampia e accogliente. Dopo un tempo che faticò a ricordare con precisione, ecco arrivare il ronzio e tutto il resto, fino a quel preciso istante in cui si trovò all'erta, allo scopo di capire cosa le stesse accadendo.

"Sono sveglia" si disse.

Percepiva di essere vigile solo con la mente, mentre il corpo non rispondeva ai comandi. Era intento a vibrare nello spazio che occupava. Sembrava essersi esteso oltre, acquisendo più volume, più massa, ma sicuramente si trattava di una percezione illusoria, perché semplicemente non poteva essere così. Con la mente ripassò i momenti precedenti alla decisone di stendersi e riposare. Ricordò la stanza in cui si trovava e si rese sempre più conto di essere presente, ma gli occhi e il corpo facevano per conto loro, seguendo un'altra logica, un altro istinto. A un tratto formulò un pensiero, *ora mi alzo*, e si fece forza usando le braccia per sollevarsi. Ecco, era facilissimo. Si ritrovò seduta sul lettino e si guardò intorno, anche se faceva fatica perché la luce sembrava calata. Era tutto in penombra e la vista faticava ad abituarsi. Avvertì subito una sensazione strana, come ci fosse stata una forza legata al livello del bacino che tirava verso il basso, spostando l'asse del corpo indietro. Era una forza enorme, ma lei la riusciva comunque a contrastare, restando seduta e vigile nel punto in cui si trovava.

Cercò di muovere le gambe ma non ci riuscì. La stessa forza che la risucchiava indietro, le rese gli arti inferiori impossibili da muovere. Fece un mezzo giro di busto nella direzione del cuscino su cui si era appoggiata e vide qualcuno sdraiato al suo posto, in posizione laterale e con la testa schiacciata di lato contro il guanciale. *Ma che cavolo, chi è?*, pensò velocemente, presa dallo spavento di vedere un estraneo nel suo letto. No, no, non era possibile, stava sicuramente sognando. Non riuscendo a muovere le gambe, si avvicinò alla figura spostando il torace nella sua direzione e piegando la testa per avvicinare gli occhi all'immagine che sembrava sfocata. La figura si fece più chiara e i contorni diventarono netti. Ammutolì i pensieri per un attimo e si prese del tempo per capire. Stava osservando sé stessa mentre dormiva tranquillamente appoggiata al lettino. Indovinò il profilo appuntito del viso, i capelli lisci, neri e corti, la felpa grigia con il cappuccio che indossava e le sue mani piccole e sottili: era proprio lei. Ma com'era possibile? *Se io sono qui e mi sto osservando, sto pensando e sono viva, chi è che sta dormendo?*

A quel punto decise con fermezza di muoversi più che poteva per scendere dal lettino e alzarsi. Un attimo velocissimo e si trovò sospesa a un metro da terra, senza peso né gravità, con la sensazione di fluttuare. Si lasciò trasportare da quella sensazione meravigliosa, assaporando tutta la leggerezza che sentiva e sentendosi tutta intera, cosciente e presente a sé stessa come non era mai stata prima di allora. Stava volando, o forse non proprio volando, ma la cosa certa era che riusciva a sentire le gambe e si spostava orizzontalmente stando a un metro dal pavimento. Si sentiva benissimo e pensò di volersi muoversi verso la parete che aveva davanti. Immediatamente si ritrovò in movimento ed era uno spostarsi morbido, simile allo sciabordio delle onde del mare: leggero, veloce e piacevolissimo.

Si accorse di non avere alcun peso e il suo corpo non aveva più la forma di sempre. Lo sentiva allungato, sottilissimo e inconsistente, eppure tutto intero. Lei era lì, dentro alle sue membra, con tutti i pensieri, le emozioni e la presenza di una mente sveglia e attiva. Arrivata alla parete color arancio, pensò di allungare una mano per toccarla e sentire la sensazione che le avrebbe dato. Girò la testa di lato per guardarsi la mano destra e la vide attaccata al braccio, aperta, con il palmo rivolto in avanti a spingere contro il muro. Fu un attimo e le sue dita attraversarono di netto lo spessore della parete, passandoci attraverso. Sentì un formicolio diffondersi lungo tutta la mano e si decise a spingerla ancora oltre, fino a vederla sparire nell'arancio spatolato del muro. A quel punto il passo era fatto e un secondo dopo, ammesso che fosse davvero un tempo esatto, si spinse con tutto il corpo dentro la parete e si trovò subito dall'altra parte. Il formicolio la solleticava dappertutto, fu estremamente divertente.

Il mio corpo è sul lettino che dorme e io sono qui nella stanza a fluttuare, pensò divertita e buttò un occhio alla figura addormentata che respirava ritmicamente in modo profondo. *Sono fuori dal corpo!* Sì, era fuori dal corpo e stava veramente benissimo. Quando si rese consapevole di questo pensiero, la stessa forza che aveva avvertito prima a livello del bacino tornò a farsi sentire, ma questa volta le sembrò un risucchio, una depressione d'aria che la attirava a sé. Da dove provenisse non ne aveva idea, era solo fastidiosamente insistente. Le stava rovinando il momento e non voleva che succedesse. Cercò di resistere ma il suo corpo fluttuante, che pareva avere la consistenza di una piuma, si lasciò aspirare da questa forza senza opporre troppa resistenza. Sentì un *tac* rumoroso rimbombare nella testa, come un cigolio o uno scatto. Aprì gli occhi e si ritrovò nel suo corpo steso di lato sul lettino. Di fronte, la parete arancio che distava circa tre metri e la stanza con i mobili e gli oggetti di sempre.

La sensazione di assenza di peso e di leggerezza era svanita e con lei il fluttuare veloce alla distanza di un metro da terra. Era di nuovo lei, nella sua forma di sempre, anche se forse apprezzava di più l'inconsistenza del suo corpo privo di qualsiasi confine e libero di volare. Diede uno sguardo all'orologio da parete appeso a pochi metri, bianco e nero con le lancette spesse, sospeso a un chiodo corto inserito nel muro. Erano le 17.00 e dalle persiane della finestra filtrava la luce fioca del giorno. Ricordava di essersi coricata alle 16.50 precise, quindi erano passati solo dieci minuti. Com'era possibile? Le sembrava fossero trascorse delle ore da quando si era sollevata dal lettino e aveva iniziato a fluttuare, fino al risveglio cosciente nelle sue membra. È *tutto finito? Ditemi di no!*, pensò mentre si rendeva sempre più consapevole di essere sveglia nella forma e nella consistenza del suo piccolo corpo. Non poteva essere stato solo un sogno.

I sogni avevano immagini diverse, porzioni differenti di spazio, o almeno così le sembrava. Seguivano spesso idee strambe e scenari fantastici, mentre quello che aveva appena vissuto era stato incredibilmente reale e lucido. Aveva sentito quelle vibrazioni partire da dentro con una forza tale da far tremare le interiora e si era sentita sollevare dal peso del corpo, scoprendo un nuovo modo di esistere. La stanza era sempre stata quella e la sensazione di fluttuarvi dentro era stata reale. E poi si era vista, proprio lei, ferma, immobile sulla superficie liscia del lettino, mentre respirava e dormiva. No, non poteva essere stato un gioco della mente.

Con una calma che non le apparteneva, si rialzò dal lettino mimando il gesto che aveva compiuto prima, ritrovandosi però per metà busto fuori dal corpo. Questa volta non accadde nulla e nel rialzarsi, il suo corpo – che le sembrava avere un peso infinito – la seguì perfettamente. Non c'era dubbio, aveva fatto ritorno nel guscio. Si accorse ora più che mai della straordinaria esperienza che aveva appena vissuto e non vedeva l'ora di raccontarlo a qualcuno. Scese con un balzo dal lettino e le sue gambe ammortizzarono bene il colpo, dimostrandosi attive e in forma come prima. Adesso le sentiva e per accertarsi ancora di essere vigile, si diede un pizzicotto sulla coscia. Il dolore arrivò all'istante e le fece storcere la bocca in una smorfia. Con uno scatto corse verso la parete color arancio e si fermò a un centimetro, appoggiando il naso contro la superficie ruvida e fredda del muro. Sembrava impazzita, e si mise a ridere, allungando contemporaneamente la mano destra verso la parete, col chiaro intento di appoggiarvela contro. Voleva capire e voleva sentire.

Come previsto, il palmo della mano si fermò lì, a contatto con il materiale del muro, senza andare oltre e senza penetrarne lo spessore. Lo sentì freddo e rugoso, con i pallini di cemento spuntare disordinati qua e là. Ne percepì la consistenza, che era spessa e concreta tanto quanto quella del suo corpo in quel momento. Sì, era decisamente tutto finito ed era tornata alla realtà. Sempre se di realtà si poteva parlare, perché credeva che fosse reale anche quello che aveva appena sperimentato. Respirò a fondo e un dolore sordo le si irradiò dalla schiena allo sterno, seguendo il percorso sul lato sinistro e facendola tossire. *Un giorno o l'altro morirò così*, pensò grattandosi la punta del naso con la mano destra e reggendosi le costole, a sinistra, con l'altra. *Prima non avvertivo alcun dolore, ero leggerissima e inconsistente. Quanto darei per tornare indietro, anche solo per un istante;* a questo pensiero si chiese se stesse snobbando il fatto di avere un corpo, ma archiviò la domanda senza darle troppo peso, poiché di certo chiunque, al pensiero del dolore, avrebbe desiderato anche solo per un attimo sentirsi vivo senza essere costretto dentro a un corpo in carne e ossa. Osservò la porta della stanza e si diresse verso la maniglia dorata con l'intenzione di uscire. Cloe era in casa e voleva trovarla per raccontarle tutto. Nel corridoio fuori dalla stanza la prima a venirle incontro fu Fumé con la coda sospesa in aria, il pelo arruffato e una gioia incontenibile, come se non la vedesse da mesi.

"Ciao Dado" le disse usando il nomignolo affettuoso per chiamarla, al quale lei rispondeva leccandole le mani e schiacciandole il musetto nero contro le gambe. "Sai cosa mi è successo? Ho fatto un viaggetto astrale e sono uscita dal corpo".

Fumé la osservò curiosa, inclinando la testa di lato e muovendo le orecchie in modo alternato, gli occhi vispi e scattanti. Sembrava capire tutto perché interagiva come fosse seriamente interessata all'argomento e dopo qualche sguardo d'intesa si avvicinò ad Alex emettendo un verso strano, quasi un guaito stridulo. Alex sorrise e le arruffò il pelo della testa.

"Tu capisci proprio tutto Dado". Ancora qualche coccola e si ascoltò mentre le diceva: "Vai a cercare Cloe, dai!"

Quanto amava parlare con quel piccolo musetto intelligente. Si sentiva davvero capita, come fosse una persona, ma senza le sovrastrutture e le barriere che le persone mettevano l'una con l'altra. Era tutto più semplice con un animale. E con Fumé, oltre che semplice, era bellissimo. La vide drizzare le orecchie a sentinella, ritte e a punta come due piccoli coni gelato messi al contrario. Fumé la guardò con i suoi occhietti scuri e vivaci e con uno zampettare veloce si voltò nella direzione opposta, seguendo il percorso del corridoio che portava a varie stanze della casa. Sempre con fare scattante, entrò sicura in una delle stanze e una volta dentro abbaiò per farsi seguire.

È *incredibile*, pensò Alex, sempre più convinta – dopo dieci anni di convivenza con quella dolcissima creatura – che gli animali fossero un dono meraviglioso capace di insegnare cosa fosse l'amore e l'altruismo. Amava Fumé come fosse una parte di sé e per lei si sarebbe sacrificata volentieri, pur di proteggerla sempre. La sapeva capire in ogni espressione e sentimento, come quando nei suoi momenti di tristezza le si accovacciava vicino, assumendo una forma arrotolata, senza più distinzione tra la testa e la coda. Oppure quando la vedeva arrabbiata e con i suoi modi innocenti da cane abbassava la testa fino a toccare il pavimento e si spingeva con le zampe fino alla punta delle scarpe, chiedendo attenzione. In realtà ad Alex piaceva pensare che non chiedesse attenzione per sé, ma cercasse di distoglierla dai pensieri negativi che stava facendo. Era solo un cane, come aveva sentito dire da qualche amico che conosceva, insensibile al fatto di poter amare proprio un cane. Era solo un cane sì, ma era speciale. Aveva quelle note di colore e di purezza che tanto amava e che tanto avrebbe voluto avere anche per sé. E allora va bene che fosse solo un cane, ma quel cane poteva insegnare alle persone, lei per prima, a essere migliori. Nella stanza illuminata a giorno, con le persiane spalancate sulla vista del retro della casa, Cloe era seduta alla scrivania, intenta a leggere un libro.

"Ciao" le disse, mentre Fumé scodinzolava e la guardava dalla sua altezza per farsi dire *brava*.

"Ciao" le rispose Cloe. A turno accarezzarono Fumé per non farla sentire esclusa dalla conversazione.

"Non puoi capire cosa mi è successo" disse Alex, sempre con una mano sprofondata nel pelo morbido della cagnolina, che se la godeva emettendo grugniti di piacere. Tornò un secondo indietro, frenando il suo entusiasmo e disse: "Scusa se ti disturbo, cosa leggi?"

"È un libro che ho preso in prestito dalla biblioteca. Una palla" disse Cloe, appoggiando il libro aperto a testa in giù con la copertina in vista e il titolo che spiccava chiaro: *Mangiare bene, sentirsi meglio*. Un titolo come tanti di quella categoria. Quei libri in cui si scopriva che ognuno la pensava a modo suo distribuendo consigli a volte anche diametralmente opposti. "Non preoccuparti, riprendo dopo. Dimmi, che succede? Non eri andata a riposare?"

"In effetti sì" le rispose Alex, sospirando e allo stesso tempo sedendosi sulla sedia accanto a Cloe. "Ma è successo qualcosa di strano".

Pochi attimi più tardi le aveva già raccontato tutto, pezzo per pezzo, secondo dopo secondo, descrivendo minuziosamente tutto l'accaduto.

"Ero proprio io, fuori dal corpo. Ero viva e potevo pensare e desiderare di spostarmi solo usando il pensiero. È così che sono riuscita ad arrivare alla parete e poco dopo ad attraversarla".

Non le sembrava ancora vero, eppure era lì a raccontarlo. Cloe conosceva le esperienze dei viaggi astrali e delle fuoriuscite dal corpo tanto quanto Alex e ne discussero a lungo andando a ripescare i racconti che avevano letto sui libri e verificando i punti in comune con la sua esperienza. Le piaceva condividere tutto questo con Cloe, perché sapeva di essere compresa a fondo. Insieme valutarono ogni aspetto e dettaglio di quello straordinario momento che Alex aveva da poco vissuto e lo compararono a quello che conoscevano, per parlarne ancora più a fondo. Insieme erano una squadra fortissima e invincibile, o almeno così sembrava ad Alex, che con Cloe si sentiva al sicuro e poteva trovare la forza di arrivare ovunque, se solo l'avesse desiderato. Una forza che solo la vicinanza di Cloe le sapeva dare.

Mentre parlavano di viaggi astrali, giunsero a fare un riassunto dei punti chiave che li descrivevano meglio. Ogni viaggio astrale sembrava essere accompagnato dall'uscita di quel nucleo di consapevolezza che costituiva il Sé, dal corpo. Veniva chiamato viaggio astrale perché riguardava appunto una dimensione diversa da quella terrena, più eterea e rarefatta, avente una materia meno grossolana di quella del piano fisico. Il mondo astrale ospitava i corpi astrali, che erano gli stessi delle persone vive fisicamente, solo più inconsistenti e leggeri, senza il peso della materia di un corpo. I libri sull'argomento sostenevano che anche i disincarnati, ovvero i defunti, potessero vivere in parte nel piano astrale e quindi poter in questa dimensione incontrare le persone vive durante i viaggi astrali di queste ultime. Tutto ciò era molto affascinante e l'aveva sempre incuriosita, spingendola a leggere tanta letteratura ispirata al genere, ma mai prima di allora aveva sperimentato di persona un'esperienza diretta. Ancora non sapeva bene se crederci o no, se fosse solo frutto di fantasie o suggestioni.

I corpi astrali avevano sensi che erano loro propri, diversi dai cinque sensi fisici, e la realtà in cui vivevano aveva una differente misurazione dello spazio e del tempo. Uno spazio e un tempo che si susseguivano in base a una diversa percezione di ciò che si sperimentava e sentiva in quella realtà. Un po' come le emozioni segnatempo che per Alex influivano sul trascorrere dei minuti anche nel mondo in cui era, quello fisico. Il mittente sconosciuto le aveva specificato nelle e-mail l'esistenza di questa realtà astrale, oltre che di quella fisica. Su quest'ultima, tutti gli esseri in vita erano d'accordo. In aggiunta, come terzo piano, esisteva la realtà mentale, denominata piano mentale, a cui corrispondeva comunque un corpo. Non riuscì a immaginare come potesse essere un corpo mentale. Forse poteva somigliare a una testa gigante? Forse.

Mentre nel piano astrale la sensazione che aveva avuto era stata di sentirsi leggera come una piuma, senza una forma definita come quella fisica. Solo dal momento in cui aveva deciso di guardarsi il braccio e la mano destra, li aveva visti così com'erano nel corpo. E se avesse visto quello che la sua mente aveva registrato come forma del braccio e della mano, in una sorta di pensiero-associazione? In altre parole, la sua mente avrebbe potuto richiamare i concetti di braccio e di mano associati alle loro rispettive immagini e in qualche modo li avrebbe evocati alla memoria. Poteva benissimo essere così, perché in quel brevissimo volo che aveva compiuto dentro la stanza, attraversando poi la parete, in realtà non aveva percepito di possedere una forma precisa e umana come invece aveva in quel momento.

L'esperienza che aveva appena vissuto, sembrava coincidere in tutto e per tutto con quello che conosceva sui viaggi astrali. Restava però ancora un dubbio, che era sano possedere considerando che la mente umana aveva risorse di cui nemmeno ci si poteva rendere conto. Se la sua mente si fosse auto ingannata seguendo un desiderio e tramutandolo in qualcosa di reale? Tutto era possibile, ma quel che le rimaneva era la certezza di aver registrato ogni istante e ogni sensazione e di non aver mai provato nulla di simile, nemmeno nei sogni più intensi e vividi. Quanto tempo aveva trascorso in quella realtà eterea, in quel mondo di sogno dove possedere un corpo non era poi così importante? Guardò l'orologio estraendo il cellulare dalla tasca posteriore dei jeans, dov'era rimasto per tutto il tempo. Erano le 17.20. Le parve che il tempo adesso stesse trascorrendo in modo normale. Si era svegliata alle 17.00 e fino a quel momento erano trascorsi venti minuti. Era naturale, era il solito trascorrere di sempre. Ma prima? Addormentarsi alle 16.50 e risvegliarsi alle 17.00 con la percezione che fossero passate delle ore?

Ancora una volta si rese conto di percepire il tempo in modo diverso. Diversissimo. Poteva tutto questo forse essere collegato ai messaggi che aveva ricevuto dal misterioso mittente nelle scorse settimane? Potevano quei messaggi influenzare a tal punto la sua mente da suggestionarla? Se si fosse trattato solo di questo? Poteva essere davvero anche così, e ne contemplava la possibilità, ma era stato troppo bello e troppo realistico per relegare tutto a una creazione onirica. Non voleva farlo, le spiaceva da morire e la deprimeva tantissimo. E in quel momento in cui stava già abbastanza male di suo, non le serviva deprimersi di più. Mentre continuava a parlare con Cloe un pensiero le attraversò la mente e subito diventò insistente, disturbando la conversazione. Si rese improvvisamente conto di non avere ancora nessuna notizia dalla sua casella di posta. Niente e-mail dall'ormai suo personalissimo interlocutore, ed erano trascorse due settimane e mezzo. Cloe non sapeva nulla delle e-mail e del loro contenuto. Alex aveva pensato più volte di raccontarle tutto ma si era sempre tirata indietro perché la viveva come fosse quasi una sfida personale, un gioco che andava compreso per gradi. Pensava che introdurre in quel meccanismo di pensiero un'altra persona, nonostante quella persona fosse Cloe, andasse a disturbare il suo processo di comprensione, alterandolo.

In realtà si sentiva fortemente in colpa per averle nascosto quei messaggi provenienti da chissà dove. Soprattutto per aver tenuto segreto il significato profondo che le sembrava volessero comunicare. Si sentiva la custode di un grande tesoro che ancora doveva ben capire, e proprio perché voleva capire da sé senza l'aiuto e l'intervento di nessuno, ancora non le aveva parlato. Ma l'avrebbe fatto presto, non appena avesse capito di più, non appena si fosse svelata l'identità del suo misterioso amico. Almeno ora era certa che non si trattava di un software o di una pubblicità. Lui o lei che fosse, umano o non umano, possedeva una Coscienza e una presenza reale, seppur nascosta dietro a uno schermo. Era vivo, da qualche parte e in qualche luogo, distante o vicino che fosse.

Con il cellulare in mano che segnava sul display a cristalli liquidi le 17.20, l'attenzione le si posò nuovamente sul piccolo led blu in alto a sinistra che lampeggiava ininterrottamente. Il piccolo segnale che, come sempre, la avvertiva dell'arrivo di una nuova e-mail. Sarebbe potuto essere il suo amico. Si allontanò da Cloe con una scusa e la abbracciò forte, ancora tremante ed emozionata per l'esperienza del suo piccolo viaggio in quella che forse consisteva nella dimensione astrale, parallela a quella terrena. Mentre la abbracciava sentì la consistenza dei loro due corpi così materiale al tatto, così maledettamente reale, come si volesse prendere gioco di tutto il resto affermando di essere la sola a esistere. *Sento solo questo. Non posso sen-*

tire oltre!, fu il suo pensiero frustrante e anche un po' triste.

Però c'era qualcosa in quell'abbraccio che andava davvero oltre, che si metteva in connessione con quei fili invisibili capaci di legare una persona a un'altra. Era il manifestarsi vibrante di un'emozione, di un sentirsi una cosa sola. Era quello che Alex definiva amore e che come tale si percepiva nell'aria, nelle cose e nei pensieri, nelle dita e nelle loro braccia strette. Era più sottile e rarefatto di qualsiasi corpo od oggetto, ma faceva parte dell'intimo più di ogni altra cosa, come il possedere una gamba o un occhio o come la capacità di emozionarsi di fronte a un altro essere umano. Era lì, incastrato tra loro nella dolcezza di quell'abbraccio che non significava altro che quello.

Fu in quel momento che si accorse di avere già tutto.

TUTTI GLI SCATTI DI UNA VITA

Il guinzaglio di Fumé si estendeva in tutta la sua lunghezza, teso come una corda di violino. La piccola tirava con tutta la sua forza mentre si faceva catturare dagli odori del marciapiede e degli angoli nascosti agli usci delle case. Ogni volta per lei era un'esplorazione nuova. Essere un cane significava poter apprezzare nuovi odori e seguire le tracce di altri cani passati poco prima lungo lo stesso percorso. Alex la osservava divertita, stringendo saldamente l'impugnatura del guinzaglio rosa a tema scozzese che per la sua particolarità si distingueva da quello di tutti gli altri.

A tratti Fumé si voltava e la guardava con gli occhietti vivaci, la lingua a penzoloni e le orecchie drizzate a manifestare tutta la sua gratitudine per quell'uscita inaspettata. Intorno, le case avevano già acceso le loro luci e dalle finestre si riuscivano a scorgere le persone impegnate nelle più disparate attività, così consuete da essere automatiche e routinarie. In quel momento Alex era spettatrice di tante azioni diverse, di tanti gesti compiuti probabilmente senza nemmeno pensare. Si chiese quanto di queste azioni facesse parte di un istante veramente vissuto e potesse quindi essere davvero sentito. Domande strane, le sue solite domande, messe in fila una dietro l'altra, a comporre una lunghissima lista di perché. Nessuna di quelle persone, compresa nello spazio di una stanza all'interno di una casa, sapeva di essere osservata. Alex era l'osservatrice e loro i protagonisti delle scene che si srotolavano davanti ai suoi occhi.

Pensò a quella scienza moderna tanto affascinante, definita fisica quantistica, che enunciava i principi dell'osservatore e dell'osservato, concludendo

– dopo una serie di sperimentazioni – che ciò che veniva osservato poteva essere influenzato dall'osservatore stesso. Sembrava che il punto di vista di chi osservava potesse andare a incidere sul comportamento di chi agiva, in base a una qualche aspettativa più o meno conscia. In questo modo le particelle studiate dalla quantistica a volte non si dimostravano particelle, ma onde. E questo loro cambio di stato sembrava davvero dipendere dallo sguardo di chi si occupava di studiarle e di definirne il comportamento. Agli occhi di un osservatore si dimostravano particelle, mentre all'osservazione di un altro, potevano diventare onde. Dal momento in cui lo sperimentatore decideva di applicare un'unità di misura alla particella/onda, quest'ultima mostrava l'una o l'altra natura, come si trovasse a scegliere tra due possibilità d'essere. Mentre gli istanti prima della misurazione, la particella/onda dimostrava di possedere uno stato indefinito, come se esistesse solo in forma di probabilità, una sorta di materia indifferenziata. Questo, oltre a dimostrare ancora una volta l'intima connessione tra le parti (osservatore/osservato), rilevava ancora di più l'importanza dello sguardo di chi osservava, come se questo sguardo si trasformasse in un riflettore puntato a illuminare una determinata realtà e questa realtà di conseguenza mutasse e si modificasse a piacimento dell'osservatore.

Complicato ma non troppo, dato che questa constatazione poteva benissimo essere applicata alla vita reale. Lo sguardo di chi osservava creava la realtà nella misura in cui la sua attenzione e la sua consapevolezza si concentravano in un preciso punto della storia. Era lo stesso dire che la sua attenzione, concentrata a compiere un'azione o a pensare insistentemente a qualcosa, potesse influenzare quell'azione o quel pensiero al punto da dargli una forma. Poteva sembrare un concetto astratto, ma Alex l'aveva sperimentato più volte, imparando che tutto quello su cui si concentrava, volutamente o meno, prendesse vita e aumentasse di vigore in relazione a quanto lei stessa lo desiderasse. Un desiderio che spesso poteva anche essere inconscio. L'uomo creava la propria realtà e seguiva il percorso che per una serie di eventi, circostanze, pensieri e svolte, segnava la sua vita. Il suo mondo interiore si riversava esattamente com'era nel mondo esteriore, creandone le forme e la successione di eventi.

Si chiese quanto in quel momento il suo sguardo potesse incidere sulle azioni quotidiane di tante persone sconosciute. Ognuna di loro si muoveva inconsapevole nel riquadro di una finestra illuminata da una luce artificiale e Alex era lì, fuori dalle loro vite e dai loro pensieri, partecipe di un piccolo pezzo della loro esistenza. Legata o meno che fosse alla vita di queste persone, le scrutava muoversi, gesticolare, parlare e afferrare oggetti. Le vedeva semplicemente esistere mentre anche lei viveva il suo piccolo pezzo di tempo in cui si svolgeva un trascorrere; l'incedere costante e continuo di un frammento di vita che si srotolava veloce o lento, consapevole o inconsapevole. Nella luce ormai calante del tramonto, seguiva senza pensare il tragitto di Fumé, che si lasciava guidare dal suo naso ipnotizzato dagli odori. Con la coda sollevata a bandiera e il muso schiacciato a terra, quella tenerissima palla di pelo la portava ovunque, costeggiando quartieri e pezzi di prato tra le case.

Alex non vedeva l'ora di fermarsi un po'. Era ancora scossa dalla strana esperienza di quello che pensava fosse stato un viaggio astrale. Continuava a ripescare i ricordi di quel momento uno a uno, rivivendoli nella mente. Mentre il suo sguardo saltellava sognante da una finestra a un'altra, pensando se avesse o meno il potere di incidere, anche solo per un brevissimo istante, nella vita di quelle persone, improvvisamente si ricordò del vero motivo che l'aveva fatta uscire di casa allontanandosi da Cloe. Il suo cellulare, che ora sentiva pungere nella tasca posteriore dei jeans scoloriti, stava ancora lampeggiando. Era lì, freddo e fermo nella sua immobilità di oggetto, con una piccola luce blu intermittente che si riusciva a intravedere nel tessuto dei jeans. Era stata recapitata una nuova e-mail e Alex pensava, o piuttosto sperava, fosse il misterioso mittente. Ma ancora non lo poteva sapere, almeno fino a quando non si fosse fermata per trovare il tempo sufficiente di leggere il messaggio senza nessuno intorno.

Camminando a passo svelto con il braccio destro a reggere l'impugnatura del guinzaglio, pensò velocemente a un posto in cui poter andare, vicino e possibilmente non all'aperto, dato che il freddo cominciava a farsi sentire e il buio stava calando piano sui profili delle case. Appena oltre la curva che seguiva la strada, nella via principale del quartiere, ricordò il Blue Moon, un locale carino che faceva da lounge bar e che, se non si sbagliava, avrebbe aperto proprio a quell'ora. Conosceva bene il proprietario, Dario, che aveva inaugurato quel posticino un anno prima quasi per caso, in un momento di crisi della sua vita professionale. Erano amici da anni e ricordava che Dario le aveva confessato di voler aprire un locale perché non sapeva cosa fare della sua vita, per cui aveva deciso di buttarsi in quell'avventura. Ora, a distanza di solo un anno, il locale era decollato e Dario lavorava molto, organizzando serate di musica dal vivo e vendendo la birra artigianale più buona che Alex avesse mai bevuto. Peccato che con la vita che facevano Alex e Cloe non frequentavano molto il Blue Moon, perché spesso si trovavano lontano da casa per lavoro.

Quella sera però sarebbe stato il posto ideale per starsene un po' tranquilla, rivedere il suo amico che non sentiva da mesi e avere l'occasione di leggere la nuova e-mail recapitata nella casella di posta di *Google*. Anche se probabilmente, come le e-mail ricevute negli scorsi giorni, si trattava della solita promozione pubblicitaria. Oppure di sua madre, che ultimamente era intenta a sistemare una mansarda che aveva ricavato dalla casa in cui viveva con suo padre e la tartassava di e-mail per chiederle consiglio sugli arredamenti. Svoltò l'angolo con Fumé che tirava il guinzaglio a più non posso, e vide l'insegna del Blue Moon come fosse stata una pennellata sulla tela di un pittore, circondata da altre minuscole luci bianche a fibre ottiche. Sorrise avanzando un passo dopo l'altro, perché nonostante fosse solo novembre, Dario aveva già allestito le luminarie natalizie e francamente le sembrò un tantino presto.

Le era sempre piaciuta tantissimo l'insegna del locale. Alex pensava imitasse la pennellata storta di un pittore mentre era intento a provare i colori prima di dipingere la tela. Le piaceva fantasticare su quel pittore e pensare che, preso dalla creatività che solo un artista poteva avere, avesse distrattamente dipinto il muro del Blue Moon poco prima di creare un quadro astratto in stile Monet, come tanto le piaceva. Teneva questo pensiero per lei, come fosse un piccolo segreto. Questa specie di associazione che faceva ogni volta che si trovava a passare davanti al Blue Moon la faceva sentire bene, e ora che se lo trovava di fronte dopo tanto tempo, avrebbe voluto avere in mano un pennello vero per dipingere l'aria e imitare il senso di movimento che quella pennellata blu riusciva a trasmetterle. Adorava il colore blu, le sue sfumature fredde e i suoi contorni netti quando la tonalità era marcata e senza sbavature. Le piaceva il senso di pace che era in grado di infonderle e le ricordava i paesaggi invernali, il ghiaccio e gli occhi azzurri delle persone in cui si specchiava l'infinito. Le rammentava il profilo del cielo e il blu profondo, quasi nero, delle profondità del mare. Era il suo colore preferito perché le restituiva quella sensazione di purezza senza contrasti che nessun altro colore sapeva darle.

Mentre si avvicinava a passo sostenuto al Blue Moon, iniziò a intravederne l'interno: il bancone lungo di legno massiccio, gli sgabelli girevoli alti, la parete occupata da decine di bottiglie di alcolici illuminate da fasci di luce al neon blu, che richiamavano il tema del locale. Il vetro delle bottiglie restituiva il suo riflesso sui ripiani bassi del bancone e il tutto sembrava un grande gioco di luce e riverberi. I tavoli poco distanti erano quasi vuoti vista l'ora. Sicuramente si sarebbero riempiti più tardi, dato che era venerdì e come sempre il Blue Moon prometteva una serata di musica e divertimento. Spinse piano la maniglia della grossa porta di legno scuro del locale e poco dopo, con Fumé al seguito, si trovò dentro una penombra screziata di blu, con qualche lampada ai tavoli che illuminava di luce bianca lo spazio circostante. Nel complesso aleggiava un'atmosfera di assoluto relax, accompagnata da una musica non troppo ritmata, quasi sensuale.

La prima persona che vide fu una signora seduta a un tavolo accanto al bancone che sorseggiava uno strano drink colorato di viola. Si squadrarono per un attimo, Alex in jeans, scarpe basse e cappotto di lana, la signora fasciata dentro un vestito troppo stretto, con calze a rete e scarpe decolté tacco dodici. Due mondi diametralmente opposti, eppure vicini in quel lasso di tempo che le vide presenti nello stesso locale, nel medesimo istante. Alex la guardò camminando verso il bancone e percependo sé stessa muoversi al rallentatore. In quella manciata di secondi riuscì a fissare lo sguardo in quello della signora, intenzionata ad andare oltre l'apparenza che vedeva e che a un primo colpo d'occhio le aveva provocato un senso di rifiuto e nausea.

Ben nascosti dietro uno spesso strato di eyeliner e da quelle che sembravano delle orribili ciglia finte, gli occhi della signora erano come vuoti e spenti. Parlavano quella specie di linguaggio dell'anima che era difficile non comprendere, almeno per Alex che era solita avventurarsi in quel modo nell'intimo delle persone. In quel momento la discrepanza tra l'immagine estetica della donna e il messaggio chiarissimo che comunicavano i suoi occhi, le provocò tristezza e una punta di compassione. Avrebbe voluto andarle vicino e sussurrarle all'orecchio: "È inutile che ti nascondi, ti vedo". Ma lasciò che questo pensiero la sfiorasse per poi andarsene via veloce, perché credeva di non poter in alcun modo interferire con le tante difese che quella donna si era costruita per darsi un'immagine che la soddisfacesse. Pensò solo che, nonostante riuscisse a vedere oltre, quello che percepiva come apparenza nella figura di quella donna la spaventava. E sapeva benissimo perché.

Ogni volta che contattava qualcuno diverso nei modi e nelle apparenze rispetto a lei, avvertiva un senso di crescente disagio che andava a parare proprio in un punto preciso del suo Sentire. Si sentiva semplicemente sbagliata, come fosse in difetto per qualcosa e impaurita, forse dal fatto di poter essere in qualche modo ferita da queste persone. Questo la scombussolava e la rendeva aggressiva, come un animale intento a ringhiare per difendere il proprio spazio vitale. Aveva imparato però che fermare questo primo istinto l'aiutava a considerare l'altro come una persona quanto lei; allora ecco aprirsi la porta degli occhi, specchio di ogni anima e di ciascuna profonda verità. Se riusciva a contattarli, allora poteva vedere e sentire l'altro come diverso, ma simile a lei, solo con una differente armatura a fargli da scudo. Allora e solo allora la paura svaniva. Si appoggiò con i gomiti al bancone sempre troppo alto per lei e si guardò intorno, cercando qualcuno. Dalla piccola porta scorrevole che collegava il retro del bancone alla cucina, ecco spuntare un ragazzone alto e grosso, dai capelli lunghi e disordinati, con una barba di almeno una settimana a contornargli il viso.

"Alex, ciao! Quanto tempo! Che ci fai qui?" le disse Dario, allargando la bocca in un sorriso che lasciava intravedere una lunga fila di denti storti.

"Ciao Dario" rispose Alex, allungando una mano verso di lui a dargli il cinque, come facevano da sempre. Quell'abitudine non l'avevano mai persa, nemmeno a distanza di anni. "Passavo di qui con Fumé e ho pensato di venire a trovarti. Ho fatto una passeggiata un po' più lunga del solito".

"Direi proprio di sì, da qui a casa vostra sono almeno quattro chilometri. Brava! Sono molto contento di vederti! Come sta il mostro?" disse Dario abbassando la testa in direzione di Fumé, che nel frattempo stava masticando delle briciole sotto uno degli sgabelli.

"Bene direi" disse sorridendo Alex, mentre la attirava delicatamente a sé dopo aver percepito lo sguardo di disapprovazione della signora seduta poco distante.

Dario uscì dal retro del bancone e le corse incontro

per abbracciarla. Il suo corpo robusto e la sua felpa ampia quasi la soffocarono nella foga di quell'abbraccio. Rivedersi dopo mesi, nonostante Alex abitasse poco distante, era come ritrovarsi dopo un tempo lunghissimo in cui le loro vite potevano aver subito svolte e colpi di scena. Alex lo sapeva bene, almeno per sé stessa e immaginava che anche Dario potesse avere qualche novità da raccontarle. Si conoscevano da anni, forse una decina, da quando lei e Cloe erano andate a vivere insieme in quel movimentato quartiere della città. Dario era un amico comune di altri amici ed era irrimediabilmente single per via delle sue relazioni con donne spietate che miravano solo ai suoi soldi. Ricordava quando si confidava raccontandole i tristi episodi delle sue avventure e Alex cercava di consolarlo con i suoi discorsi a metà tra il filosofico e il concreto. Insieme sembravano due amici di vecchia data intenti a rispolverare con dovizia di particolari le loro rispettive sofferenze, per poi ricavarne una qualche soluzione rattoppata qua e là. Lo abbracciò con lo stesso felicissimo trasporto, mentre Fumé si agitava da sotto lo sgabello, reclamando attenzioni e carezze.

"Cosa prendi tesoro?" le chiese Dario, indicandole con un dito tutta la schiera di bevande alcoliche sospese sopra i sottili ripiani di cristallo.

"Niente del genere" rispose Alex, pensando che quella non era affatto l'ora per potersi permettere un drink e ricordandosi del motivo per cui aveva pensato di rifugiarsi al Blue Moon. "Fammi un caffè Dario, ristretto e amaro, come piace a me" disse, abbozzando un sorriso mentre si scrutava nel riquadro dello scaffale a specchio che sosteneva le bottiglie.

Vide gli angoli della sua bocca sollevarsi e i denti bianchi sembrare ancora più bianchi sotto le luci blu del locale. Scorse il piccolo brillantino che portava sull'incisivo laterale dell'arcata superiore sinistra e il riflesso scintillante che restituiva. Pensò che l'aveva da anni e non si era mai rovinato fino ad allora, dando sempre l'effetto sperato, quella brillantezza che donava al suo sorriso un tocco in più.

"Certo Alex, tu sei sempre quella del caffè amaro" disse Dario, sorridendo a sua volta e dandole una pacca affettuosa sulle spalle. "Mi devi raccontare come ti vanno le cose e come sta Cloe. È tanto che non vedo nemmeno lei. Voi due sembrate sparite nel nulla. Lavorate sempre in quel posto? Ci vorrei venire anch'io una volta, mi servirebbe proprio staccare un po' la spina".

"Sì, perché non vieni? Ti farebbe bene senz'altro. Però quando decidi di farci un salto chiamami, così organizziamo anche il dopo Spa. Cloe comunque sta bene, stasera l'ho lasciata a casa a leggersi un libro. Io invece avevo bisogno di un po' d'aria e Fumé, sai com'è, mi ha chiesto di uscire".

Risero all'unisono, mentre Alex affondava le dita nella testa morbida di Fumé, grattandole un orecchio. Non aveva voglia di dire di più, di aprire quel varco che poi non avrebbe saputo chiudere se si fosse aperto. Avrebbe potuto raccontargli dei suoi attacchi di panico, delle riflessioni degli ultimi tempi, di come andava il lavoro e delle misteriose e-mail, ma si limitò a stare in superficie, perché in quel momento le andava così. Quando si ritrovò in mano la tazzina calda di caffè nero, con un cucchiaio di metallo dalla forma allungata e una bustina di zucchero, guardò la schiena di Dario e disse: "Non metto zucchero, te lo lascio qui". Spostò con la mano la piccola busta verso quel ragazzone che stava dall'altra parte del bancone, occupato a pulire la macchina del caffè.

"Oh sì, scusami, avrei dovuto saperlo" le disse Dario, schiacciando la bustina sotto il peso delle sue dita grassocce.

"Perdonato". Approfittando del fatto che stava entrando una comitiva chiassosa, gli disse: "Senti, mi sposto a quel tavolo laggiù, vicino alla vetrata. Ci si vede più tardi".

"Ok!" le rispose Dario già indaffarato.

Reggendo il piattino della tazza con una mano e il guinzaglio di Fumé con l'altra, si avviò cautamente al tavolo, cercando di non far danni. Il panorama che si scorgeva dall'ampia vetrata che dava sulla strada comprendeva i vicini palazzi del quartiere e le prime luci dei lampioni che si erano già accese. Quell'atmosfera un po' noir, tipica della sera, le dava sempre la sensazione di essere come cullata dentro a una storia fantastica e veritiera allo stesso tempo, nell'epoca di un mondo ingiallito dal tempo. Quel tempo che scorreva solo nella sua testa e in quella di tutti gli uomini in un eterno divenire. Immaginò di essere la sola figura in bianco e nero presente in una fotografia vecchia dai bordi rovinati. Una specie di fermo immagine di un'istantanea del tempo. Seduta al tavolo con la tazzina di caffè tra le dita, osservava il paesaggio e si gustava l'amaro troppo amaro del caffè, della sua vita e del suo procedere a volte incauto, eppure ancora troppo controllato.

Sfilò dalla tasca posteriore dei jeans il cellulare e lo appoggiò al ripiano del tavolo, osservando il suo lampeggiare continuo. Fumé si era accovacciata silenziosamente ai suoi piedi, lasciando spuntare un lembo di guinzaglio da sotto la sedia a segnalare la sua presenza.

Lei e il suo cellulare, lei e un mondo che a malapena

poteva afferrare appena oltre quello schermo. Poche ore prima si era immersa in quella realtà astrale così diversa da questa, così immateriale eppure tangibilissima e incredibilmente vera. Ora si trovava in una via di mezzo tra una realtà che vedeva e percepiva e una, quella di poche ore prima, che ricordava quasi con nostalgia. A metà tra i due mondi, nella terra di confine dei suoi pensieri, in quel lembo di tempo che le dava un senso e una collocazione spazio temporale, ma solo, e lo sapeva, per una sorta di percezione limitata data dai sensi. Strano perché il caffè sapeva di caffè, il buio della sera era oggettivo, concreto e le persone poco distanti da lei vociavano, facendo un gran baccano, probabilmente spinte dall'ebbrezza del dopo lavoro.

Finalmente, anche se con poco entusiasmo, decise di aprire la e-mail della sua casella di posta. Posò la tazzina sul piattino, controllò che Fumé fosse tranquilla e sbloccò il display con il pollice destro, facendolo strisciare sullo schermo. Si aprì la solita schermata di avvio bianca e rossa di *Gmail* ed ecco la lunga lista degli ultimi messaggi accumulati nella posta in arrivo. E-mail non lette: ventotto. Pubblicità, promozioni, voucher fasulli e qualche lettera della banca. L'ultima in alto, la più recente, era azzurra, il colore che Alex aveva impostato di default quando il sistema non riconosceva il mittente. Eccola! Azzurra come le precedenti. Non aspettò un minuto di più e l'aprì più veloce che poteva, accorgendosi di aver fatto un respiro di troppo che le aveva provocato un attimo di iperventilazione.

"Ciao Alex, eccomi di nuovo qui. So che hai sentito la mia mancanza ma ero presente ogni momento di ogni giorno. Ero nei tuoi singoli pensieri, nelle riflessioni di ciascun istante, nel tuo cuore e nella tua sempre più crescente consapevolezza. Sono

io, così come mi immagini e mi conosci ora. Mai ti ho lasciato e mai ti lascerò. Mi accorgo che per te aspettarmi diventa difficile, ma ormai hai capito che il tempo è relativo e un frammmento breve di questo tempo potrebbe essere percepito come un lunghissimo strascico di minuti e ore, di giorni e anni, così come un velocissimo lampo di Coscienza. Ma sai che il tempo ti appartiene e si srotola leggero o pesante, a seconda del modo in cui lo percepisci. Spetta solo a te, artefice della storia di cui fai intrinsecamente parte, assaporarlo e viverlo come il segnalibro del tuo trascorrere.

Ora sono qui e voglio dirti che sto sorridendo mentre scrivo, perché penso tu abbia una strana sensazione di me e questo mi fa divertire. Mi cerchi in tutte le persone che incontri ma forse ti sei già data una risposta, perché a volte hai pensato che potrei essere ognuno di loro, mentre in altri momenti sembra che nessuno possa essere me. Il tuo continuo cercarmi lascia spazio a una miriade di domande e supposizioni, ma sono felice di sapere che prima di capire chi sono per te risulta importante comprendere quello che ho detto finora. Ti voglio parlare adesso di qualcosa che va ancora più oltre, raggiungendo forse il limite della comprensione umana.

Hai imparato che esiste il Sentire come unica vera realtà dell'individuo, un Sentire che può essere relativo come quello in senso lato, tipico della vita umana e uno, più ampio, che è il Sentire di Coscienza. Hai compreso inoltre che il tempo e lo spazio sono dimensioni illusorie e facenti parte di una realtà che gli umani percepiscono in divenire. In un certo senso quindi albergano nel vostro piano di esistenza e ne scandiscono il vivere quotidiano. Avete bisogno di queste unità di misura per rendere comprensibi-

le ai vostri sensi il mondo e per dare un ordine al trascorrere che la vostra mente percepisce. In realtà niente di tutto questo ha un'esistenza oggettiva, ma trova un senso esistendo in modo soggettivo e legato al proprio mondo interiore, come hai più volte sperimentato. Nell'Assoluto tutta la realtà relativa così come la vivete è presente nel medesimo istante, poiché nei suoi termini non esiste né tempo né spazio, né trascorrere. Quindi tutti gli istanti che vivete, dal passato al presente fino al vostro futuro, esistono già nell'Assoluto come qualcosa che non può mutare.

Non pensare a un percorso già stabilito che ognuno di voi deve seguire. Ricorda sempre che sei tu stessa a creare il tracciato e a illuminare la direzione nella quale intendi procedere. E questo lo fai sempre e solo tramite la Coscienza, che è il grande ponte che collega tutte le tue molteplici vite terrene. Ciò che sta nell'Assoluto trascende, cioè supera tutto il vostro Sentire relativo, eppure il relativo fa parte dell'Assoluto. Non può esistere un Assoluto senza la mutabilità del relativo e non esiste un relativo non contenuto nell'Assoluto, quindi tutto è parte della stessa cosa, dello stesso elemento. Prova ora a immaginare, considerando il tempo e lo spazio come pura illusione, tutta la serie di eventi e di situazioni del tuo vivere come se fossero distribuite sopra un grande tavolo. Tante fotografie di tantissimi istanti in cui sei impegnata in questa o quella situazione, che ti vedono bambina, adolescente e adulta, fino a oggi e ancora oltre, nel tuo prossimo futuro. È tutto lì, attimo dopo attimo, presente nel medesimo istante perché non esiste tempo che separa queste situazioni, se non nel tuo concetto mentale di divenire.

Ora allarga la mente ancora un po' e prova a figu-

rarti un tavolo più lungo, con tante altre fotografie dei tuoi attimi di vita, ma questa volta delle altre tue precedenti e future esistenze. Osservando la superficie del tavolo puoi scegliere di guardare l'una o l'altra fotografia, rigirandole in mano per poi riappoggiarle magari in un ordine diverso rispetto a quello di prima. La scelta che hai fatto è quella che nel tuo piano d'esistenza terreno, dove vive il tuo corpo, prenderà vita. Vedo di spiegartela in altro modo: pensa a una serie di sequenze d'immagini e azioni paragonabile a un susseguirsi di fotogrammi, come ti trovassi a guardare un film in cui viene raccontata una storia. Supponi che quella storia sia tua e tu sia la spettatrice ma allo stesso tempo la protagonista degli eventi. Il tuo sguardo ha la capacità, attraverso una scelta operata dalla Coscienza e non dal tuo Io più terreno, di rendere vivo l'uno o l'altro fotogramma. Il risultato si osserverà nello scorrere tipico della tua vita che tu stessa percepirai come il trascorrere del tempo. Vivrai così eventi, emozioni e pensieri che ti saranno necessari affinché il tuo Sentire di Coscienza giunga a maturazione e seguirai percorsi che ti sono vitali allo scopo di evolvere e comprendere.

In realtà cara Alex, tutti i fotogrammi della tua vita che comprendono spazio, tempo, persone e interazioni esistono già nella dimensione di un Assoluto che è tutta dispiegata, come fosse un libro le cui pagine vengono messe tutte in chiaro, leggibili simultaneamente. L'inizio e la fine del libro sono lì, presenti nel medesimo istante. Le tue numerose esistenze sono tutte viventi nello stesso immutabile presente e voi siete i soli a possedere quella visione limitata che simula l'idea di un trascorrere. Ora ti chiederai: 'In che modo scelgo di vivere una situazione, un fotogramma, piuttosto che un altro?'. La risposta non è così semplice e richiede uno sforzo di *comprensione ulteriore.*

Ogni fotogramma viene scelto dal Sentire di Coscienza che illumina una data situazione e consente così di aprire dei varchi di tempo e spazio contenenti altre situazioni e altri fotogrammi. Diciamo che alla scelta di un fotogramma corrisponde una serie in sequenza di altri fotogrammi che inevitabilmente si srotolano nel percorso di una vita. Da cosa dipendono queste scelte? Dal libero arbitrio, il quale a sua volta dipende dall'evoluzione dell'individuo. Quest'evoluzione, acquisita nel corso delle esistenze, porta la persona a poter operare un più ampio grado di scelta tanto quanto è più svicolata da limiti e condizionamenti. In altre parole, quando un limite cade (a volte servono tantissime vite perché questo succeda), gli individui sono più liberi. Una libertà interiore che li avvicinerà sempre di più al Sentire di Coscienza e alla possibilità di scegliere fotogrammi mirati all'espansione di questo Sentire.

Così gli individui potranno avere quella libertà necessaria che consentirà loro di scegliere serie di fotogrammi, quindi intere vite, senza essere condizionati dai propri limiti. Come accade nel processo evolutivo, i limiti vengono superati poco alla volta e le scelte delle situazioni di vita quindi saranno in qualche modo forzate, poiché la persona, che è un Sentire in espansione, ricordiamolo, dovrà avere l'opportunità di vivere quelle occasioni in cui quei limiti verranno superati. Ok, ora stai sgranando gli occhi ma cerca di seguirmi ancora per un po' fino alla fine di questo messaggio.

Passiamo adesso alla parte più interessante che riguarda ancora una volta il Sentire individuale, quello di Coscienza. Devi sapere che spesso questo Sentire accomuna più individui ai quali è caduta la stessa limitazione. Ad esempio, poniamo che due individui abbiano pensato durante le loro esistenze che fosse lecito torturare e uccidere le persone di colore. Nel corso della loro successiva vita invece supponiamo siano rinati proprio come persone di colore, schiavizzate e oggetto di umiliazioni. Cosa sarà accaduto in quest'ultima vita per questi due individui? Avranno compreso cosa significa essere persone di colore in un ambiente ostile e pieno di pregiudizi nei loro confronti. Avranno quindi capito sperimentando di persona la sofferenza derivante da quella condizione e in ultimo il vero grande insegnamento, quello di rispettare la diversità e l'esistenza di tutti, indipendentemente dal colore della pelle. Ecco la caduta della stessa limitazione nei due individui che ora avranno il medesimo Sentire di Coscienza.

Questi due individui ora saranno contemporanei nel loro Sentire di Coscienza, anche se le loro vite si dipanano in tempi, spazi e fotogrammi diversi. Per spiegarmi meglio, dato che il tempo non esiste, tutte le situazioni, i tempi cronologici e gli spazi che contengono oggetti e persone sono contemporanei nella dimensione della Coscienza, quindi ora supponiamo che il primo di questi due individui viva la sua esistenza nell'800, mentre il secondo nell'anno 2000 d.C. Come sarebbe possibile? È possibile dal momento in cui tutto esiste in una dimensione di tempo e spazio che non contempla queste misure così come voi le percepite. Quindi questi due individui, pur essendo contemporanei nel Sentire, vivono percezioni diverse di spazio e tempo, quindi mondi cronologicamente diversi.

Arriviamo al dunque. Se due individui ubicati in tempi diversi possono avere lo stesso Sentire di Coscienza, cosa accade agli individui che vivono lo stesso tempo cronologico? Potresti pensare che siano per forza contemporanei nel Sentire, ma è qui che viene il bello, perché in realtà non tutti lo sono. Questo significa che il Sentire, che è l'individuo stesso, in base alla caduta graduale delle sue limitazioni, vibrerà in una sorta di equipollenza solo con quei Sentire che gli sono affini, come i due individui di cui ti parlavo. Ma non tutti i Sentire saranno affini, per cui avremo individui diversi e Sentire non contemporanei ubicati nello stesso spazio e tempo.

Cosa significa tutto questo? Significa che tu puoi parlare e discutere animatamente con una persona del tuo tempo, puoi amarla od odiarla a seconda di ciò che ti serve, ma può darsi che questa persona non sia contemporanea a te, ovvero che il suo Sentire si collochi in un altro tempo e spazio che ti risulta estraneo. Il Sentire di questa persona vibrerà lontano dal tuo e non sarete contemporanei. Si chiama non contemporaneità del Sentire. Ora ti chiederai da quale storia fantastica derivi tutto questo, ma credimi, la spiegazione è solo razionale considerando una dimensione in cui tutto già esiste dispiegato e contemporaneo. Quello che cambia è solo il Sentire, che attraverso le sue mutazioni si evolve e diventa sempre più ampio.

Le persone con cui parli e interagisci possono quindi non essere presenti in quell'istante. Possono essere nel tuo fotogramma, o addirittura in una serie di fotogrammi, ma sei tu che hai scelto quella serie, quegli individui e quegli eventi che a te e soltanto a te sono necessari affinché i tuoi limiti cadano uno a uno. Dove si colloca il Sentire di Coscienza di quelle persone a te non contemporanee? In altre serie di fotogrammi che può darsi ti vedranno comunque presente nella tua forma fisica, ma assente con il tuo Sentire. Diciamo che tu e loro potete sentire e vivere quel fotogramma, o quella sequenza di foto-

grammi, in periodi diversi di tempo. Per tempo intendo quello cronologico, perché è il solo che esiste nella dimensione fisica.

Per capire tutto quello che ti ho detto devi bypassare la mente e collocarti in quella dimensione cosmica in cui tutto esiste senza distinzioni e differenze. Per una mente umana questo è difficile, ma ti chiedo solo di provarci.

Per concludere, quello che hai fatto poche ore fa era un vero viaggio astrale. Ora torna al tuo caffè che si sta freddando".

Un sussulto, uno scompenso d'aria e battiti cardiaci. Avvertiva sempre lo stesso un effetto ogni volta che leggeva quei messaggi. Alex alzò la testa dal tavolo e si accorse di avere la vista offuscata. Gli occhi appannati le restituirono immagini sfocate e dai contorni poco chiari. Mosse distrattamente la mano destra e fece cadere il cucchiaino della tazzina di caffè che rimbalzò con un rumore metallico a terra, spaventando Fumé e attirando l'attenzione dei presenti. Strizzò le palpebre per rendere nitido ciò che vedeva e sollevò lo sguardo, catturando la scena che le si presentava davanti: poco distante la donna in calze a rete, trucco vistoso e scarpe col tacco, la osservava con fare sospetto portandosi alle labbra il drink viola di poco prima. Nel suo sguardo c'era una durezza mista a sconforto, una richiesta di aiuto mascherata da un fare sostenuto e arrogante.

Poco oltre, appoggiati al bancone di legno, due giovani ragazzi ben vestiti, stretti dentro cravatte troppo eleganti, parlottavano tra loro ridacchiando come due adolescenti. Poggiati sul bancone di fronte a loro, due Martini dry, lisci, versati in bicchieri larghi di vetro opaco. Il gruppetto delle persone entrate poco prima, si chiudeva invece a cerchio attorno a un tavolo, vociando e ridendo ad alto volume e disturbando la musica che continuava a suonare in sottofondo. Una scena ordinaria, un trascorrere del tempo normale in un locale qualsiasi di un qualsiasi pezzo di mondo.

Eppure ad Alex parve tutto diverso ora, dopo aver letto attentamente il messaggio. Le sembrò di aver colto i passaggi fondamentali, ma quello che riusciva a carpire in quell'istante, ne era certa, erano solo alcuni piccoli frammenti di testo. Avrebbe dovuto rileggere tutto con più attenzione e l'avrebbe fatto presto, una volta fuori di lì. Nulla però le toglieva l'intuizione di quello che vedeva. Tante persone diverse chiuse dentro uno spazio comune, circondate da luci e musica che davano piacere ai sensi, illuse forse di vivere quell'istante in una percezione comune a tutti. In realtà stavano inconsciamente sbobinando un fotogramma del loro tempo, così come Alex, che si trovava lì in quel momento a osservare tutto questo, a viverlo e sentirlo. Nel bel mezzo della scena vide il profilo di Dario avvicinarsi al tavolo e occupare con la sua grande mole lo spazio a cui erano rivolti gli occhi.

Si sedette di fronte a lei e la guardò con aria divertita: "Ehi Alex, hai uno sguardo strano. Ti senti bene?"

Si sentì rispondere senza tanto capire cosa stesse per dire: "Sì, sì, certo, tutto ok".

"Senti, perché tu e Cloe non fate un salto qui insieme una di queste sere? Avremo ospite un nuovo gruppo musicale che suona davvero bene. Fanno musica soul. Vi piace?"

"Sì, certo. Adoriamo il soul. Facci sapere quando e

se non siamo al lavoro, veniamo di sicuro".

"Mmm, ok" rispose Dario, accorgendosi che qualcosa non andava.

Aveva capito che Alex non era molto in sé in quel momento e rispondeva a malapena, per accontentarlo o semplicemente per essere educata. In effetti era così. Il difficile era riuscire a convogliare l'attenzione da altre parti quando i suoi pensieri erano rimasti a quella e-mail. Con uno scatto seguito da una decisione improvvisa, Alex si alzò dalla sedia e Fumé fece lo stesso da sotto il tavolo, pronta a seguire i desideri della padrona.

"Scusami Dario, si è fatto tardi, ora devo proprio andare" disse con aria amareggiata Alex, guardandolo negli occhi e dispiacendosi per quel saluto così frettoloso. "Ti prometto che verremo presto a trovarti e una volta verrò ancora da sola, così possiamo parlare".

Lasciò un euro sul tavolo per pagare il caffè, gli diede un bacio sulla guancia ruvida e si avviò verso la porta d'uscita del locale. Fumé la seguì in fretta, zampettando rumorosamente sulle piastrelle del pavimento.

Dario le fece un rapido cenno con la mano e le urlò da dentro, quando ormai Alex era già in strada: "Te l'avrei offerto il caffè!"

Alex si voltò, mostrò la mano con il pollice alzato e gli sorrise da fuori, attraverso le vetrate.

Il suo amico grande e grosso, il suo gigante buono che non si smentiva mai. E lei lo stava abbandonando così, senza una spiegazione né un saluto decente. A questi pensieri decise prima o poi di recuperare, perché si sentiva un vero schifo a fare quella parte. L'aria della sera ormai era freddissima e piccoli sbuffi di fumo uscivano dalla bocca. Fumé cercava di fermarsi a ogni angolo per annusare di nuovo le piste battute da altri cani, ma Alex, impaziente, la tirava verso di sé, spronandola a camminare più veloce. In un attimo, un istante, un lampo di tempo, o al contrario, in una manciata di minuti che si dilatavano in ore, le strade che aveva percorso prima sembravano osservarla a ogni angolo. Si fece inghiottire dal freddo della sera e percorse ogni centimetro di asfalto con la netta sensazione di non essere sola.

CON-TATTI

Nella cabina della Spa la musica si espandeva in modo uniforme. Le note di *"Even in the Shadow"* di Enya si diffondevano nell'aria creando un'atmosfera in cui Alex si lasciava trasportare volentieri. Quella cantante irlandese le era sempre piaciuta. Andava al cuore delle cose con la profondità tipica delle sue note e delle sue parole. Qualche candela a illuminare la stanza e una serie di luci che cambiavano colore sul soffitto, contribuivano a dare a quello spazio la dimensione ideale per un adeguato relax.
Alex era intenta a fare quello che più sapeva fare. Le sue mani si facevano strada, leggere e a tratti pesanti, sul corpo di una donna piccola e magra che al tatto somigliava a un pezzo di legno. L'olio caldo scivolava piacevolmente sulla pelle e dava modo alle dita di fare giri tortuosi e ai palmi di chiudersi a coppa sulle forme del corpo dal profilo arrotondato. Sarebbe stato tutto perfetto se non per quella donna che non le dava pace, continuando a muoversi insistentemente sul lettino. Somigliava a una molla o a un animaletto inquieto e Alex si era accorta che il suo movimento spasmodico non poteva essere intenzionale, ma probabilmente indipendente dai suoi pensieri più consci. Nell'appoggiare le mani sulla caviglia ecco il primo sussulto. Anche oltre, lungo il percorso della gamba e ancora più su, fino alla schiena. In ogni centimetro di pelle quella donna scattava sul lettino e lamentava di sentire solletico.

Alex provò a esercitare una pressione più forte, per minimizzare l'effetto del solletico che sapeva essere provocato da un riflesso involontario del sistema nervoso. Capitava spesso in persone che il più delle volte risultavano impenetrabili e avevano quel modo di reagire quando venivano lavorate le contratture più estese. La signora si presentava però come un caso intrattabile, perché non aveva una sola zona sensibile, ma tutto il suo corpo lo era, in un modo che difficilmente Alex aveva avuto occasione di trattare durante la sua carriera. Strinse i denti mentre sentiva crescere una sorta di irritazione che le prese lo stomaco, salendo alla testa.

Doveva controllarsi e non dare nulla a vedere, perché era una professionista e non poteva permettersi di mettere a nudo il suo mondo. Pensò che quella donna si muovesse come a farle un dispetto, mettendola alla prova. Forse si trattava proprio di questo, una specie di esperienza che doveva attraversare per cogliere degli aspetti di sé che già conosceva ma che le serviva superare.

"Non lì, non così" le disse la donna rivoltandosi come un calzino sulla superficie morbida del lettino.

A quel punto Alex alzò le mani in segno di resa e guardò negli occhi la signora, senza emettere alcun suono. Solo uno sguardo dentro a un altro. La sua impazienza prese sempre più corpo e lei si chiese quale fosse lo strano motivo per cui quella donna così anomala avesse deciso di sottoporsi a un massaggio.

Qualche secondo e le disse: "Signora, scusi, mi dica esattamente come posso proseguire il mio lavoro senza disturbarla".

"Oh, mi scusi lei. Sa, purtroppo non riesco a farmi toccare più di tanto".

Di nuovo la mente di Alex pensò al perché la signora avesse prenotato e pagato quel massaggio.

"Però lei è bravissima, continui pure" aggiunse la

donna, squadrandola con due occhi roteanti che co-municavano ansia, paura e un certo grado di sfug-gevolezza.

Alex si strofinò i palmi e disse: "Senta, facciamo così: proseguo il massaggio e vediamo di volta in volta come si sente. Farò pressioni diverse in modo da aiutarla a sentire meno fastidio, ok?"

"Ok, ok" le rispose frettolosamente la signora, tornando a infilare la fronte dentro al poggiatesta posto sulla sommità del lettino.

Alex riprese i movimenti di prima, cambiando più spesso direzioni e impastando meno la muscolatura. Se l'avesse fatto, avrebbe rischiato un calcio involontario sulla mandibola. Pensò a quanto fastidio quella donna le procurava, quanto disagio il fatto che fosse così diversa le faceva emergere. Ancora una volta si sentì in difetto, come se qualcosa in lei non andasse e quello che faceva non fosse adeguato in alcun modo. Cercò di allontanare quel pensiero che la innervosiva ancora di più e pensò che la battaglia in corso era solo con sé stessa, con quelle parti di sé che pungevano fastidiose come delle spine nel fianco. Si trovò di nuovo a fare i conti con quelli che pensava fossero i suoi limiti e si rese conto di quanto era facile vederli rappresentati fuori da sé, perfettamente incarnati nella figura magra e rigida di quella donna.

Si sentì svuotata, triste e allo stesso tempo piena di rabbia. La ferita bruciava e avrebbe volentieri appiccato fuoco a quella donna fastidiosa per provare una qualche forma di sollievo. Con la mente andò all'ultima e-mail che aveva letto quella freddissima sera al Blue Moon. Quella che aveva riletto lentamente, frase per frase, per cercare di capirci qualcosa.

La non contemporaneità. Quello strano concetto che si esprimeva benissimo nelle relazioni di tutti i giorni e che in quel momento, ne era più che certa, aveva preso forma davanti ai suoi occhi. Due persone dello stesso tempo e spazio, appartenenti allo stesso mondo cronologico, potevano sicuramente non avere la stessa contemporaneità di Sentire. E quello pensava fosse un esempio lampante.

Era come se Alex e la signora fossero presenti fisicamente nello spazio di quella cabina massaggio, circondate dagli stessi oggetti e dalla stessa musica che entrambe potevano sentire, ma i loro nuclei di Coscienza fossero in luoghi differenti. Alex avvertiva, o almeno così le sembrava, di essere presente nel momento con tutto il suo sé. Pensava di vivere appieno quell'istante, di provare davvero quelle spiacevoli emozioni, di voler con tutte le forze fuggire da quella situazione che le provocava il voltastomaco. Quant'era difficile mettere una barriera tra lei e i clienti. Quanto si accorgeva di non farcela a tutelarsi dalle energie striscianti di tante persone che doveva per lavoro trattare. Questo era sempre stato un problema per chi, come lei, senza nemmeno volerlo, si addossava gli atteggiamenti irritanti e poco attenti di persone distanti dal suo personale modo di concepire la vita. Erano sempre in tanti a mostrarsi diversi, ma c'era differenza anche nelle diversità con cui veniva in contatto. Alcune la irritavano più di altre e questo costituiva senza dubbio un campanello d'allarme. Era in quei momenti che Alex pensava di dover resistere più che poteva, calmarsi e porsi semplicemente in ascolto. Un ascolto attivo di sé, per capire il vero motivo di tutto quel fastidio, e un ascolto dell'altro, in modo da empatizzare al massimo le sue capacità anche con chi avrebbe avuto voglia di allontanare in malo modo.

Ora che si trovava a toccare la pelle di quella donna estremamente indisponente, le sue mani si erano raffreddate, come si stessero ritraendo per difesa e rifiutassero per prime il contatto. Con uno sforzo indescrivibile Alex pensò solo alle tecniche che come un bravo soldatino stava eseguendo. *Esegui e non ti fermare*, pensò, portandosi con le dita all'addome della signora e buttando uno sguardo agli occhi della donna, per cercare un cenno di consenso.

"Posso?" le chiese, abbozzando un sorriso tirato e molto forzato.

"Sì, dai, proviamo" le disse la signora in un modo che aveva più dell'antipatico che del cortese.

Alex iniziò a muovere le mani seguendo movimenti circolari e leggeri, aumentando la pressione fino a sentire la rigidità dello stomaco e il gonfiore dell'intestino. La donna si tratteneva mordendosi il labbro inferiore in modo compulsivo, ma Alex non accennò a fermarsi, poiché aveva solo un'intenzione: entrare in quel corpo e in quell'anima così maledettamente repellente, perché era certa di poterci trovare qualcosa di buono. Mentre la massaggiava cercò di portare la mente ad abbracciare una prospettiva più ampia, immaginando di osservare quel particolare frammento di tempo dall'alto. Funzionò perché si vide appesa a un angolo del soffitto, accanto a una fila di luci che cambiavano colore a ogni secondo, a scrutare tutti i personaggi, gli oggetti e lo spazio del suo personale fotogramma. Perché di fotogramma si trattava, così come le aveva spiegato il mittente misterioso nella e-mail. Una sequenza precisa di tempo, spazio e attori che magicamente si univano, inscenando una situazione o un evento.

Sembrava che ogni fotogramma venisse in qualche modo scelto dalla Coscienza dell'individuo aprendo così in successione una serie di altri fotogrammi, come una storia spianata e una trama già costruita. Forse Alex aveva scelto quella precisa sequenza, la viveva e la sentiva come propria, anche se quello che provava non le risultava piacevole. Un'esperienza da dover vivere? Probabilmente si trattava proprio di questo.

Riuscì in qualche modo a distanziarsi dalla situazione riportando i pensieri indietro nel tempo, a quel messaggio mistico e così difficile da comprendere fino in fondo. Se lei e quella cliente non erano contemporanee nel Sentire, come le sembrava che fosse, in quale universo di tempo e spazio si trovava ora la donna? Poteva forse darsi che "non sentisse" quel momento così come lo sentiva Alex, con i suoi colpi durissimi a minarle l'autostima? Le era sempre più chiaro che il Sentire della donna, in qualunque parte del mondo cronologico fosse, non si trovasse lì in quel momento, perché quel fotogramma serviva solo a sé stessa per elaborare vissuti che doveva prendersi la briga di gestire.

Era tutto un gigantesco film dalle svolte improvvise e dai bivi inaspettati. Una storia dispiegata, come aveva detto il suo interlocutore. Alex si trovava lì, in quell'istante preciso, in quell'era del tempo, a passare attraverso quel fotogramma. Una scelta obbligata o una scelta libera? Questo non lo poteva sapere perché la mente non arrivava a comprendere così tanto in ampiezza. A malapena capiva questo concetto e si limitava a immaginarne la portata.

A massaggio concluso Alex si precipitò in bagno a lavarsi. Cercò di grattarsi via quella sensazione, quel caos irritante che le corrodeva i pensieri. Buttò le braccia sotto un getto di acqua gelata e aspettò che il freddo le facesse effetto. Attese la cliente fuori dalla cabina, dandole il tempo di rivestirsi e si guardò intorno, cogliendo aspetti della Spa sui quali si era soffermata poco negli anni passati, forse troppo presa dalla frenesia del lavoro o da sé stessa. Adesso anche la fiamma luminosa delle candele sparse per tutto il corridoio sembrava avere un senso e una collocazione, così come il bianco accecante dei teli che venivano usati per trattamenti e massaggi. Eccola *la sua Spa*, il luogo che aveva visto accendersi e spegnersi un sacco di volte, perfettamente costruito per creare quella dimensione distensiva che le persone andavano tanto cercando, illudendosi di sfuggire alla frenesia delle loro vite. Ecco le sue luci artificiali, le sue musiche sapientemente orchestrate, i suoi profumi invitanti. Aveva vissuto quel posto come fosse una sorta di casa, un luogo in cui crescere e fare esperienza. Tra quelle pareti si era commossa, spaventata, arrabbiata, intristita. Aveva riso con tutto il fiato che aveva in gola tra i muri di quel luogo che le era tanto caro, quanto a volte difficile. Osservava il perfetto susseguirsi di quella realtà che conosceva bene e si sentiva partecipe di tutto il suo movimento, dall'articolarsi veloce degli istanti agli attori che ne prendevano parte, realizzando la sua storia un giorno dopo l'altro. Si sentiva inclusa in quegli attimi come mai prima di allora, protagonista e artefice del copione che dava un'identità a quel posto, donandogli un'anima. Lo sentiva respirare e ne assaporava tutto il senso, accorgendosi che le pareti in quel momento sembravano vive. Si accorse in pochi secondi che si stava per commuovere e si portò una mano agli occhi per frenare quelle lacrime che sembravano ferme in quel punto da tempo. Tutto pareva un'istantanea che si modificava impercettibilmente da un istante all'altro. Un fotogramma e poi un altro e un altro ancora. *Tac-tac-tac*, una successione dietro l'altra e la percezione di qualcosa di unico che sembrava non fermarsi mai. L'immagine illusoria del tempo che scorre e delle figure impresse sulla retina degli occhi. Funzionava così il mondo?

Alex si preparò ad accogliere la cliente che stava per uscire e raddrizzò la schiena, mettendosi nella posizione più consona e professionale possibile.

"Grazie Alex, è stata davvero brava. Nessuno è mai riuscito a toccarmi così a lungo" le disse la signora, con la bocca storpiata da una smorfia nel tentativo di essere in qualche modo gentile. Peccato che non le riuscisse affatto bene.

"Grazie signora. È stato un piacere. Buona giornata e buon relax" rispose Alex, ripetendo la solita frase di routine che le veniva meglio dire anche nei casi più difficili da gestire.

Sorrideva, cercando ancora un contatto con quella donna tanto algida e problematica, e mentre lo faceva si rese conto che il suo ringraziamento suonava sincero, perché solo grazie a quella esperienza, per quanto spiacevole, aveva meglio compreso i suoi limiti e le sue paure, guardandoli in faccia. Aveva avuto un'opportunità e si era accorta che poteva continuare a elaborarla fino a quando non avesse raggiunto il piano più profondo nell'intimo del suo essere. Forse la sua piccola esistenza non sarebbe bastata ad arrivarci, ma almeno quello rappresentava un inizio. Inoltre, cosa non da poco, le sembrava di aver meglio capito il concetto della non contemporaneità del Sentire. Quello che ancora faticava a comprendere era la diversa ubicazione del tempo e dello spazio dei Sentire, ma in qualche modo questo era un fatto che tendeva a spiegare pensando che il tempo non esistesse e fosse solo una dimensione relativa. In altre parole tutto esisteva già nello stesso istante, solo che gli umani, compresa lei, faticavano ancora a spingersi tanto oltre.

Era meraviglioso sapere che potesse esistere una tale spiegazione sul funzionamento dell'universo. Dava speranza e costituiva per Alex un vero senso d'essere, un motivo per esorcizzare la paura della morte che tanto la tormentava. Si sentiva compresa in questo grande meccanismo del Cosmo e cominciava a pensare che non fosse lasciato tutto al caso. I giorni scorsi aveva elaborato molto i concetti che aveva letto nell'ultima e-mail e aveva riempito di appunti altri fogli, dandosi la pena di ordinarli come aveva fatto con quelli precedenti. Aveva trovato nei colori un valido aiuto per disegnare uno schema che le rendesse ancora più chiara la contemporaneità e la non contemporaneità del Sentire.

Nei vari tentativi ne era risultata una piramide a più strati che conteneva file di colori diversi a partire dalla base per arrivare all'apice. Ciascuna fila di colori rappresentava lo stesso Sentire di Coscienza, mentre la fila subito successiva, quella più in alto all'interno della piramide, ne raffigurava un altro. Il passaggio da un colore a un altro denotava la caduta di una limitazione negli individui e la nascita quindi di un Sentire dal colore diverso e dalla maggiore ampiezza. Ogni colore più in alto comprendeva i colori più in basso, come una specie di contenitore. Infatti, se aveva ben capito, i Sentire di maggior ampiezza comprendevano quelli meno evoluti, più piccoli e più limitati. Alex aveva usato colori più scuri per i Sentire meno ampi, che in proporzione erano di più rispetto agli altri. Aveva pensato che se questo processo evolutivo avesse seguito una sorta di crescita, sarebbe stato più probabile che i Sentire più limitati e ristretti fossero in numero maggiore rispetto a quelli meno limitati e più ampi, diciamo più evoluti. Ecco la sua personalissima piramide dell'evoluzione. Si sentiva un Darwin dei giorni moderni, ma con concetti un tantino diversi.

Pensando al lavoro di elaborazione di tutte quelle nozioni, si sentì parte di una striscia di colore collocata in una qualche riga del tempo, magari con qualche sfumatura appartenente ad altre tonalità che le avrebbe restituito quell'unicità a cui sapeva di appartenere. Aveva riflettuto e interiorizzato tutti quei concetti, e soprattutto li sentiva intimamente. In fondo non le era stato chiesto di credere, ma di ascoltare. Mentre sistemava la cabina per il cliente successivo, sorrise ancora una volta pensando a quella donna che certamente non poteva far parte della sua stessa fascia di colore. Ma il fatto che condividesse il suo stesso tempo, la sua stessa era, quello era indubbio.

Udì dei passi diversi risuonare nel corridoio dietro di lei, più pesanti di quelli che sentiva di solito. Li riconobbe all'istante. Percepì la voce bassa e sommessa della direttrice parlare con qualcuno e l'echeggiare dei suoi passi fermarsi improvvisamente a metà corridoio.

Alex uscì dalla cabina con una pila di teli da portare nel portabiancheria e incrociò il suo sguardo che aveva sempre qualcosa di particolare, sfuggente ma non del tutto. Si sorrisero come accadeva da qualche tempo dopo che Alex aveva avuto quel brutto episodio di panico proprio davanti ai suoi occhi. Poco dopo la direttrice le si avvicinò e con fare dolce le chiese come stava. Alex si trovò spiazzata dal suo comportamento, inaspettato e poco prevedibile dato che era sempre stata una persona riservata ed apparentemente fredda, impegnata a difendere a spada tratta il proprio mondo. Aveva sempre pensato che dato il suo ruolo e le sue responsabilità non amasse avere contatti con il personale, tantomeno con una come lei, una massaggiatrice freelance che collaborava con l'azienda ma che in poche parole non ne era dipendente.

Erano almeno due anni che a malapena si salutavano e il fare distaccato della direttrice le faceva in qualche modo male. Sentiva a livello istintivo che in realtà quel fare era solo una gigantesca maschera, ma non aveva mai osato avvicinarsi perché nutriva un profondo rispetto per i motivi che portavano ciascuna persona a comportarsi in un determinato modo. Sentiva dolore e non si spiegava perché dato che non aveva rapporti personali con la direttrice, ma quel dolore era diventato sempre più pungente, fino a procurarle un vero e proprio fastidio, una mancanza. Erano forse le mancanze a provocare dolore? Quelle mancanze che rappresentavano dei vuoti nella vera essenza delle persone e che ancora una volta tracciavano i confini più netti di altri limiti umani. Ogni limite evidenziava dei bisogni e ogni bisogno necessitava di essere soddisfatto. Questo rappresentava il vero cuore di ciascuna limitazione. Ne era sempre più convinta.

Tutto era cambiato da quando Alex aveva mostrato alla direttrice, senza nemmeno volerlo, la sua vera fragilità. Quel giorno si era fatta inghiottire da Mr. Black e non c'era tempo per ergere muri, difese e armature. Era lei, nella sua interezza più assoluta, nella sua sensibilità che veniva a galla e nello sconforto più totale di un momento di puro terrore. Quel panico terrificante era stato benefico per il loro rapporto e le aveva avvicinate senza nemmeno avere quell'intenzione. Alex aveva guardato dentro ai suoi occhi e ci aveva visto paura, preoccupazione e dolcezza. Un'altra persona, un altro mondo, forse quello vero al di là delle tante maschere che quella donna giovane e promettente preferiva adottare. Ora che se la trovava di fronte, la prima cosa che avvertì fu il suo profumo che la investì come una nuvola di vapore. Sapeva di vaniglia o di una qualche essenza che non riusciva a riconoscere.

"Alex" le disse "come sta?" e le sorrise con gli occhi.

Alex si accorse solo allora di quanto fossero azzurri e si fermò un secondo lunghissimo a guardarli, piccoli e luminosi come diamanti, sfaccettati e pieni di sfumature, proprio come un quadro venuto bene.

"Ehm, non c'è male, grazie" le rispose in evidente imbarazzo, colta alla sprovvista da quella vicinanza inaspettata.

Si rese conto di quanto il suo imbarazzo fosse palpabile e deglutì rumorosamente per allontanare la sensazione di bocca asciutta che improvvisamente avvertiva. La direttrice colse il suo disagio e provò imbarazzo a sua volta, senza però allontanarsi. Stavano lì, l'una di fronte all'altra, ferme in un istante immobile e dilatato, o almeno così sembrò ad Alex, che si ascoltò mentre la sua voce le raccontava quali visite specialistiche stesse eseguendo in quel periodo. Il tutto le uscì malissimo, in un italiano poco corretto e senza un filo di successione logica. L'agitazione spesso le giocava brutti scherzi. Qualche secondo e il contatto visivo tra loro si interruppe e con esso il vero senso di quell'incontro. La direttrice si voltò nella direzione della porta mentre la incoraggiava a nutrire fiducia nella medicina e a continuare così. Alex avvertì l'istinto di fermarla trattenendole un braccio, cosa che non fece semplicemente perché non poteva farlo.

No, non te ne andare, pensò ma non avrebbe mai osato dirle quelle parole, si limitò solo a pensarle. La osservò uscire con il solito passo veloce e determinato e rimase qualche secondo ferma a metà corridoio, con i clienti e i colleghi che le passavano accanto come presenze trasparenti. Cosa provava in quell'istante? Cosa aveva visto in quegli occhi? Il dialogo che avevano avuto in realtà non significava nulla, ma il contatto degli occhi, quello sì, era come uno specchio, una porta d'ingresso in un mondo che Alex sembrava conoscere molto bene. Aveva visto dolcezza, accoglienza, una trasparenza pura e un intento sincero. Aveva sentito vicinanza, ma una vicinanza vera, non simulata e nemmeno di circostanza. Era una persona affine, lo sentiva forte e chiaro e in fondo l'aveva sempre saputo. Peccato per quella lontananza che si ergeva come una barriera altissima e le divideva, anche se forse si trattava solo di apparenza.

Pensò che tutto il mondo che viveva fosse apparente. Qualcuno, forse lei stessa, aveva schiacciato il tasto *play* e stava giocando la partita. Una partita lunga e sofferta, un mutare continuo di Sentire che passava da uno stato a un altro e un altro ancora. Il grande gioco della vita. Che cos'era un Sentire umano se non una Coscienza limitata a una parte? E che cos'erano i vari Sentire che aveva potuto provare nel corso della sua stessa vita, se non modi diversi di percepire la realtà in termini di parte? Ognuno diverso dall'altro come fossero esseri diversi, persone differenti.

Mentre osservava la direttrice allontanarsi e tornare ai suoi incarichi, sentì una morsa chiuderle lo stomaco e un senso di amarezza farsi largo nel petto. Forse conosceva il motivo di quella sensazione e, tutto sommato, pur essendo ancora qualcosa di poco piacevole, l'avvertire quella mancanza, quel senso di vuoto, poteva forse voler dire che i loro Sentire di quel momento in qualche modo si sfiorassero in una sorta di contemporaneità. Era un istinto, una supposizione, ma il fatto che le capitasse di avvertire questa sensazione solo con alcune e rarissime persone, la portava ancora di più a pensare che ci fosse un collante a fare da ponte tra lei e la sua direttrice. Un Sentire comune che si adornava di maschere da entrambe le parti e si ricopriva di ruoli effimeri proprio perché erano necessari al film della loro vita.

Si spostò velocemente verso lo schermo del PC aperto sulla schermata delle prenotazioni. Era quasi in ritardo e doveva sapere il nome del prossimo cliente. Questa volta sperò di non avere a che fare con qualcosa che le risultasse repellente. Chiuse gli occhi un istante e vide un arcobaleno di colori riempirle lo spazio delle palpebre. Scelse un colore, l'azzurro, che vedeva chiaramente come una linea perfetta al centro dell'occhio. Quando li riaprì tutto era di quel colore, anche se qualche secondo dopo l'effetto ottico era già scomparso. Ma portò quell'azzurro con sé fino a sera. Il colore che voleva per il suo Sentire.

LE RAGIONI DEL DOLORE

Infreddolita dall'aria ghiacciata, Alex camminava veloce per andare a recuperare più in fretta che poteva l'auto nel parcheggio. I quindici minuti di cammino che separavano il posto macchina dalla Spa, quella sera le sembrarono interminabili. Mise un passo dietro l'altro, allungando la falcata al massimo, e osservò gli stivaletti neri comparire e ricomparire compresi nello spazio visibile agli occhi. La giornata era stata lunga e impegnativa, come ogni fine settimana in cui si prevedeva molta affluenza. Si rese conto di quanto il tempo trascorso al lavoro mutasse ancora una volta di prospettiva. Infatti tutte le volte che si trovava immersa nella frenesia di quelle ore, la sua attenzione e le sue energie venivano assorbite completamente, restituendole un senso diverso del tempo.

Ora che si trovava a divorare centimetri di asfalto freddo nel buio della sera, lo scorrere delle lancette sembrava ormai interrotto, come una specie di tempo dentro al tempo. Camminava sola per la strada circondata da locali e alberghi chiusi per la bassa stagione. Quel silenzio, nonostante l'ora tarda, non la spaventava, ma le infondeva quel senso di tranquillità di cui aveva bisogno per calmare l'eccesso di movimento della giornata appena trascorsa. Girò la chiave nel quadro dell'auto e si fermò ad ascoltare il rumore del motore che si avviava scattante ed energico. Accese il riscaldamento ruotando la manopola sulla prima tacca e si strofinò le mani, soffiandoci dentro per liberare le dita dalla morsa del freddo. Una morsa ancora delicata per la stagione che sarebbe diventata presto ancora più gelida.

Schiacciò il pedale della frizione, mise la retromarcia e accelerò piano per dare tempo alla macchina di ingranare in modo dolce. Partendo a quell'ora sarebbe arrivata a casa circa cinquanta minuti dopo, percorrendo la solita autostrada che alle 23.00 di quel sabato solitamente era libera e senza traffico. Cloe l'aspettava a casa perché, nonostante condividessero lo stesso posto, non lavoravano sempre in giorni uguali. Quel sabato era stato solo suo e come sempre senza Cloe tutto aveva un sapore diverso, come se mancasse di qualcosa. Il sapore insipido delle cose a cui sembrava essere stato tolto il cuore e il nucleo del loro vero significato. A volte pensava che senza Cloe la sua vita non avrebbe avuto un senso preciso. Ogni decisione, ogni momento veramente importante l'aveva vissuto con Cloe e non sapeva Essere senza di lei, si sarebbe sentita persa dentro lo spazio gigante di sé stessa.

La strada si stagliava lunga e nera, rischiarata solo dalla luce gialla dei lampioni. Poteva scorgere solo qualche auto qua e là che scompariva veloce, seguendo qualche percorso lungo le vie laterali. Era come se tutto fosse suo, e lei fosse di tutto. Ora che aveva fatto suoi i concetti di illusione del tempo, fotogrammi e non contemporaneità del Sentire, vedeva la realtà in modo essenziale, privata dei contorni che prendevano forma solo in relazione alla percezione. Ne respirava l'essenza e stava al gioco dei sensi che erano straordinari, perché sapevano creare un vero e proprio mondo di colori e forme, di suoni e odori. Un microcosmo strettamente personale. Ma non perdeva di vista il fatto che probabilmente fosse tutto una stupenda creazione. Questo spiegava tante cose, prima fra tutte l'annullamento di un caos nel quale gli esseri umani pensavano di essere immersi, impotenti nelle loro azioni e nei loro destini. Metteva ordine nella costituzione di un Cosmo in cui ogni pedina, anche la più piccola, acquisiva un senso.

Mentre guidava pensò che le piaceva da morire poter avere pieno controllo sulla sua auto, muovendo le mani sulla superficie liscia del volante che obbediva a ogni sterzata. Un controllo che poteva essere totale e assoluto solo perché si trattava di un oggetto costruito su misura per l'uomo. Pensò anche alla smania di controllo che a tante persone piaceva esercitare rispetto ai propri simili, senza minimamente curarsi del fatto che dall'altra parte avevano a che fare con un essere umano, una Coscienza. Le grandi gerarchie del potere e del denaro erano tutte basate sull'influenza che poteva avere il controllo sulla mente della gente. Alex pensava, senza spingersi troppo oltre, che gli stessi sistemi li aveva scoperti anche nella vita ordinaria, dal lavoro alle relazioni più personali. Tendeva sempre a mettere distanza dai giochetti sporchi che miravano solo a valorizzare i più forti a discapito dei più deboli. Non sopportava l'idea di vedere qualcuno che per puro egoismo si ergeva a capo di qualcosa, schiacciando tutto e tutti. Era sempre stata per favorire l'unione, la collaborazione e annullare le differenze, ma si accorgeva che aveva avuto a che fare con tanti limiti umani e tante incomprensioni. Spesso pensava che sarebbe bastato un semplice contatto umano, ma vero, per accorgersi di essere tutti parte della stessa natura. Per Alex non esisteva un superiore e un inferiore, un più e un meno. Non era per lei una questione di buoni intenti, ma piuttosto un sentire gli altri come uguali in tutto e per tutto nell'unica cosa che possedeva un valore assoluto: il sentirsi umani.

Le differenze facevano parte solo del mondo della percezione, talmente sfaccettato da ricorrere per forza a una classificazione in termini di qualità e caratteristiche. Se ci badava bene, il mondo era sempre stato diviso in simili e opposti, in un gioco di contrari che prevedeva ogni volta una dualità. Ad esempio il bianco e il nero, il caldo e il freddo, la natura femminile e quella maschile, il buono e il cattivo. Le sfumature tra gli opposti venivano poco considerate, poco comprese, eppure erano presenti. Secondo Alex non esisteva una netta divisione tra gli opposti, ma caratteristiche diverse che creavano qualcosa di ibrido, di sfaccettato. La sua esperienza parlava chiaro dal momento che si sentiva femmina ma con qualità anche maschili, cosa che le aveva procurato una crisi in età adolescenziale proprio per la malsana abitudine a voler classificare che aveva la società.

"Sei femmina e devi fare la femmina".

"Eh no, proprio non ci siamo".

Quante volte avrebbe voluto ribattere dicendo: "Io sono io, femmina o maschio o entrambi non importa. Ho solo un corpo da femmina che fa pensare a voi cervellini ristretti che io sia solo quello".

Non importava assolutamente il fatto che avesse scoperto di essere maggiormente attratta dalle donne. Era semplicemente come affermare di preferire un gusto di gelato piuttosto che un altro. In realtà ciò che spaventava davvero era la diversità, che fosse palesata o meno. Se si soffermava a pensare, la paura del diverso non era altro che un'incomprensione, un limite. Ciò che non si riusciva a capire, a classificare e a categorizzare suonava come strano e per la mente umana la via più facile era accantonarlo e isolarlo. Quanti danni poteva fare un senso dell'Io poco propenso a comprendere gli altri, anche quello più collettivo della società. Forse all'apice dell'evoluzione stava davvero il riuscire ad arrivare a capire l'altro fino in fondo, empatizzando a tal punto da comprenderne le esigenze, i bisogni e le emozioni. Un passo che poteva certamente fare la differenza.

Guidava piano ascoltando l'album *Elements* di Ludovico Einaudi, che risuonava perfetto nelle sue note di testa, catturando pienamente la sua attenzione. Le creazioni di quella musica riuscivano a suscitarle emozioni profonde, guidandola in territori che conosceva e amava. Sentiva un trasporto e lo seguiva, perdendo la mente e riconquistando il mondo emotivo che tanto le apparteneva. La musica di quell'artista le faceva quello straordinario effetto. Sulle note di *Petricor*, tra violini, bassi e pianoforte armonizzati in un crescendo continuo, si avvicinò al casello dell'autostrada, deserto come tutto quello che aveva intorno. Il solito beep del Telepass ripetuto due volte, prima e dopo la sbarra automatica di accesso all'immissione dell'autostrada, ed eccola dare più gas al motore turbo dell'auto, come le piaceva spesso fare.

Facciamola cantare la mia Alfetta, si ritrovò a pensare, ascoltando il rumore familiare della sua auto diventare più intenso. Pochi chilometri e iniziò a veder correre qualche auto nelle corsie vicine. Sul sedile accanto a quello del guidatore teneva lo zaino nero che conteneva i resti del suo cibo e il cellulare, con cui aveva chiamato Cloe poco prima di uscire dal lavoro. Non vedeva l'ora di essere a casa per riuscire finalmente a riposarsi un po'. Lo sguardo le scappò un attimo sul display del cellulare e immediatamente colse il led blu lampeggiare come impazzito, in una successione d'intermittenza che le sembrava più veloce del solito. Distratta da quello che non aveva capito se fosse reale oppure no, si perse un attimo a guardare lo schermo senza osservare la strada. Ed ecco scatenarsi l'inferno in una manciata di secondi, in un istante fulmineo di consapevolezza.

Poco distante da Alex, una grossa auto, un SUV dal colore nero, si stava lanciando a tutta velocità contro un'altra auto più piccola che si trovava in seconda corsia, la stessa di Alex. Lo schianto fu inevitabile data la velocità sostenuta del SUV e il mancato controllo che l'autista aveva sul proprio mezzo. Un boato terribile investì l'aria e riempì le orecchie di Alex che, presa da un lampo di riflesso condizionato, schiacciò il pedale del freno più forte che poté, inchiodando l'auto con un rumoroso stridio di gomme. La cintura di sicurezza si tese al massimo sul petto, schiacciandole la gabbia toracica e togliendole il respiro. Tutti gli oggetti appoggiati sul sedile di fianco caddero a terra, strisciando fin sotto il cruscotto, e il contraccolpo della frenata le portò la testa all'indietro tendendole il collo in una posizione innaturale. Un lunghissimo secondo e Alex si accorse di essere ferma, con l'auto immobile in quel punto della corsia centrale, mentre a circa cinquanta metri di distanza, di fronte a lei la piccola auto colpita dal SUV, una Polo vecchio modello, girava su sé stessa in un avvitamento fatale, andandosi a schiantare con il muso contro il guardrail. Fu tutto estremamente veloce. Il secondo schianto arrivò alle orecchie di Alex con un rumore metallico di lamiere tranciate di netto. Qualche metro più indietro rispetto alla Polo, il SUV nero giaceva immobile con il cofano alzato in verticale a formare una grottesca "V" rovesciata. Una coltre di fumo grigio usciva dal suo motore, emettendo un sibilo acuto.

Gli attimi furono incredibilmente rapidi. Il primo istinto di Alex fu di osservare lo specchietto per scorgere la strada dietro di lei. Vide solo buio e le luci dei lampioni alti e stretti a illuminare alcuni tratti di corsia. Per fortuna nessuna auto sopraggiungeva da dietro, lasciando tempo e spazio ad Alex per pensare. Doveva spostarsi da lì. La sua auto era ferma in seconda corsia, leggermente di traverso a causa della brusca frenata. Il motore si era spento, ma le luci dei fari erano rimaste accese a cogliere quei terribili particolari che i suoi occhi erano obbligati a vedere. Con la foga del momento accese in fretta il motore, che partì al primo colpo con il solito rombo energico. Poco più oltre, a circa tre metri, si apriva una piazzola di sosta indicata da un cartello verde con lo spazio bianco tratteggiato. Senza pensare spostò la sua Alfa, mettendosi al sicuro.

Respirava a malapena e le faceva male il collo; un dolore pungente le prendeva un punto centrale non ben definito. Non aveva tempo di pensare, né di ascoltare quel dolore che poteva benissimo passare in secondo piano. Si slacciò la cintura con fatica dato che era rimasto incastrato il gancio. Una spinta più forte, una fitta alle dita della mano e la cintura si slacciò, emettendo un fischio strano. A quel punto alzò la testa per guardare cos'aveva davanti: una nuvola di fumo grigio, odore di bruciato e una moltitudine di detriti sparsi a raggiera dal punto dell'incidente fino a dove si trovava la sua Alfa. Scese dall'auto sbattendo rumorosamente la portiera e si ritrovò sola nel buio e nel freddo della notte, immersa in un silenzio spaventosamente innaturale. Il cuore batteva impazzito, il respiro si faceva sempre più corto e in quel momento che la vedeva protagonista di un evento così tragico, dovette decidere all'istante cosa fare. Tossì respirando il fumo che usciva dal motore del SUV, diede uno sguardo alla strada dietro alla zona dell'incidente e non vide nessuna auto sopraggiungere.

Che diavolo faccio?, pensò, mentre la mente sembrava impazzire presa dall'agitazione e dall'ansia.

Una manciata di secondi dopo andò verso il SUV, fermo di traverso a ridosso della corsia centrale dell'autostrada. Corse a perdifiato con lo sguardo sempre rivolto alla strada dietro, terrorizzata dal fatto che potesse arrivare qualche mezzo a mettere fine alla sua corsa. Poco dopo si ritrovò accanto alla fiancata del SUV dalla parte del guidatore e intravide una figura seduta all'interno che si toccava la fronte con la mano imbrattata di sangue.

Si udì urlare: "Ehi, stai bene?"

L'uomo all'interno voltò la testa nella sua direzione e alzò la mano come per dire "tutto ok". Subito dopo aprì la portiera dal suo lato che era rimasta intatta senza alcun graffio e scese dall'auto, premendosi sempre la testa sanguinante con le dita.

"Sì, sì, grazie. Non so cosa sia successo" le disse, evidentemente spaventato e in stato di shock.

"Spostiamoci da qui, è pericoloso" disse Alex guardandolo meglio e accorgendosi di parlare con un ragazzo forse poco più che diciottenne.

Camminava e interloquiva in modo perfettamente cosciente, Alex sapeva che in realtà qualsiasi ferito coinvolto in un incidente avrebbe dovuto restare fermo, ma in quel momento la paura prese il sopravvento su tutto e fu l'istinto a pensare e agire. L'attenzione si posò sulla Polo poco distante, ormai un groviglio di lamiere e fumo bianco. Lasciò il ragazzo a lato della strada, nella piazzola di sosta a qualche metro di distanza dalla sua Alfa. Con fare incosciente si lanciò di nuovo in una corsa, questa volta in direzione di quell'ammasso di metallo che non somigliava quasi più a un'auto. La prima cosa che vide fu un corpo riverso sul volante, probabilmente in stato d'incoscienza. Era compresso tra le lamiere della portiera di fianco e il cofano che ormai non esisteva più. Al suo fianco, un altro corpo con la testa appoggiata al sedile, seduto composto con la cintura allacciata, ma anche quello sembrava inerme. Il sangue era dappertutto. Erano un uomo e una donna di mezz'età, immobili dentro quel cubo di materiali e di fumo, fermi nella feroce morsa del destino.

La scena era raccapricciante e Alex venne colta da un attimo di puro terrore, un terrore questa volta diverso. Le circondava la testa e si estendeva al torace, mozzandole il respiro e muovendo i pensieri alla velocità della luce. Doveva pensare, doveva agire, doveva fare qualcosa, qualsiasi cosa.

Il tempo si era immobilizzato del tutto, scomposto in tanti frammenti a loro volta rotti in mille pezzi. Tutto sembrava essersi fermato in quell'agghiacciante momento di angoscia. La vita, il respiro, i frammenti del tempo di quelle persone erano sospesi in un abisso di vuoto che lasciava spazio solo a un'indefinita nuvola di probabilità. Tutto poteva essere, tutto poteva accadere. Alex sentì una voce provenire da qualche punto poco più avanti rispetto alla sua posizione, una voce affannata che sbraitava qualcosa di poco chiaro. I passi di una corsa in avvicinamento si udirono forti nel silenzio di quell'autostrada in cui fatalmente a quell'ora non passava nessuno. Un silenzio così inumano da sembrare finto.

"Ehi, ehi! Chi c'è lì? Ho chiamato i soccorsi!" urlò una voce femminile che si stava avvicinando velocemente alla Polo distrutta.

Sollevando lo sguardo, Alex vide il profilo di una ragazza bassa e tarchiata venire verso di lei agitando il cellulare con la mano destra. Poco più avanti, a lato della strada, un'auto, forse quella della ragazza, ferma con le quattro frecce a indicare la sua posizione. Nel susseguirsi rapidissimo degli eventi, Alex non si era accorta di non essere sola e nel vedere la ragazza avvicinarsi ansimando, spaventata quanto lei, provò una sensazione di sollievo. Le cinse le braccia in una specie di abbraccio, fermando la sua corsa. Immediatamente dopo la guardò negli occhi che somigliavano a due grosse palle roteanti. Quello che vide fu terrore allo stato puro che come una coltre di nebbia rendeva invisibile la natura di quegli occhi.

Nel vedere la situazione all'interno della Polo, la ragazza si mise a urlare piangendo disperata e Alex si accorse di bofonchiare parole senza senso che forse cercavano di dare conforto, ma la voce tremava e le frasi le si strozzavano in gola. Erano due estranee ferme a osservare una scena inequivocabile di morte, spettatrici di un tragico destino che si era consumato veloce davanti ai loro occhi nel giro di qualche interminabile secondo. Ora che attendevano i soccorsi, iniziò ad avvertire il freddo farsi sempre più insistente mentre la penetrava fino alle ossa. Era senza giacca e le faceva male tutto, ma non sapeva se quello che sentiva fosse reale oppure l'illusione del corpo sotto effetto dell'adrenalina. Il ragazzo ferito stava sempre fermo nella piazzetta di sosta, seduto sul guardrail, impotente e sotto shock.

Nella mezz'ora successiva i mezzi di soccorso, i vigili del fuoco e la polizia si mossero frenetici nel tentativo di isolare il poco traffico in arrivo e di estrarre i corpi dalle lamiere. Ognuno con il proprio preciso compito, somigliavano a tante api operaie intente a mettere in salvo una parte del loro nido. Alex li osservava avvolta in una coperta di lana che le aveva dato il volontario di un'ambulanza. Cercò di dare un senso ai fatti di quella notte tragica e senza stelle.

Era stata trattenuta perché testimone dell'incidente e non aveva riportato nessun danno visibile, a parte un fastidioso contraccolpo al collo. La ragazza che aveva avvertito i soccorsi invece si trovava qualche metro più avanti rispetto allo scontro e aveva visto tutto dagli specchietti della sua auto, rimanendo completamente illesa. La sua prontezza era stata una benedizione.

L'uomo e la donna che viaggiavano a bordo della Polo distrutta, purtroppo erano deceduti a causa del violento impatto con il guardrail, mentre il ragazzo responsabile dell'incidente aveva avuto solo un taglio e un piccolo trauma a lato della testa. Alex aveva ancora negli occhi l'immagine di quei corpi privi di vita riversi sui sedili e dei nodi di lamiere che li inghiottivano, chiudendoli in una morsa fatale. Non voleva ripercorrere quell'immagine, quei rumori sordi che avevano preceduto la tragedia, quel momento orribile che aveva dovuto vivere. Perché loro? Perché l'efferatezza di certi eventi apparentemente insensati? Perché? Erano domande tragiche a essere protagoniste di quella notte buia e fredda che era diventata ancora più gelida, ancora più nera.

Un senso di vuoto e di dolore si fece strada nel petto di Alex, che si chiuse un attimo nella sua auto per darsi il tempo di liberare un pianto trattenuto troppo a lungo. Lo spavento, la sensazione d'impotenza, la scena tragica di quell'incidente, la morte di due persone che non conosceva ma che le apriva un solco nel cuore. Un dolore dai colpi sordi e cadenzati, crudele e inarrestabile. Il dolore di un'incognita che poteva colpire chiunque e che rendeva ogni persona un burattino appeso a fili sottili e a volte sfilacciati. Pianse con la testa tra le mani, sentendo le lacrime calde scivolarle sulle dita fino ad arrivarle ai polsi.

Doveva buttar fuori, doveva fermarsi e darsi il tempo di provare quelle emozioni.

Era quasi l'una di notte e si accorse di dover avvertire Cloe dell'accaduto perché non era ancora a casa e sicuramente la stava aspettando preoccupata. Il pensiero di Cloe la spinse a sollevare la testa dalle mani, asciugarsi le lacrime e cercare il cellulare, che non sapeva bene dove fosse. Tutti i suoi oggetti, compreso lo zaino e la borsa, erano caduti a terra spinti dalla brusca frenata. Rovistò in modo disordinato nello spazio sotto il cruscotto e ritrovò il cellulare incastrato tra la borsa e lo zaino. Lo sollevò da terra, ci passò sopra una mano con l'intento di pulirlo e sbloccò il display con le dita. Si accorse in quel momento del led blu lampeggiante che insisteva velocissimo sul lato alto del dispositivo, ma lo guardò senza preoccuparsene più di tanto. Digitò il tasto di chiamata veloce a cui era abbinato il numero di Cloe e ascoltò il suono della chiamata, regolare e limpido, farsi strada attraverso il timpano dell'orecchio.

"Pronto? Alex! Dove sei? Ero preoccupatissima, non hai visto le mie chiamate?" rispose subito Cloe con una voce bassa e carica di preoccupazione.

"Scusami Cloe, stai tranquilla, sto bene. Non ho visto le chiamate perché ho assistito a un incidente in autostrada e il cellulare mi era caduto in macchina" le disse, pensando che con quella razza di spiegazione non si poteva di certo capire granché.

Avrebbe dovuto sforzarsi un po' di più per raccontare per bene gli eventi, cosa che fece poco dopo, arricchendo di dettagli la spiegazione. Alex avvertì la preoccupazione di Cloe e avrebbe voluto essere subito a casa per abbracciarla stretta e lasciarsi andare in quell'abbraccio, il solo dentro il quale poteva ritrovare sé stessa e il suo mondo, che credeva di avere in parte perduto quella notte. Chiuse il telefono promettendole che sarebbe partita appena la strada si fosse liberata. Le serviva ritrovare la via per casa, rimettere i passi l'uno dietro l'altro e credere di aver conservato ancora una parvenza di normalità. Due vite erano da poco state stroncate davanti ai suoi occhi, a pochi metri da lei e avrebbero di certo lasciato un vuoto da qualche parte. Una voragine di dolore che forse non avrebbe potuto riempirsi mai più. Il motivo di tutto questo ancora non lo poteva comprendere, ferma com'era nell'illusione dei sensi che non le sapevano fornire altro che immagini, suoni ed emozioni. Non poteva vedere oltre, non riusciva a intuire una realtà più vasta, anche se ne era venuta a conoscenza tramite quei concetti che le suonavano come affascinanti e misteriosi. Ma lei viveva lì, sulla superficie gretta di un mondo in cui le persone morivano come mosche per un motivo o per l'altro, a volte senza uno straccio di spiegazione o nella fatalità di un istante. La sua consapevolezza era lì, ad assistere a quel macabro spettacolo che appariva tanto crudele e senza senso e sapeva che prima o poi anche a lei sarebbe toccata una fine. Da una parte si rifiutava di pensare che tutto potesse concludersi in quel modo.

"Fine, stop, nulla, la corsa è finita e tu non esisti più".

Si pensava questo della morte, la dipartita inevitabile, ma Alex credeva fermamente che non si conoscesse ancora abbastanza su quell'evento che tutti, prima o poi, dovevano attraversare. Credeva fosse ancora un tabù, qualcosa che non si volesse vedere, ma che invece sarebbe stato importante affrontare e conoscere. Osservò i suoi occhi stanchi nello specchietto storto al centro del parabrezza e vide la matita nera sbavata e tante righine rosse di capillari a segnarle lo sguardo. Buttò ancora un'occhiata allo schermo del cellulare e vide le chiamate senza risposta di Cloe e di nuovo il led blu lampeggiare insistente. Quella e-mail, che aprì subito senza fare troppi giri di pensieri scoprendo con sorpresa che si trattava proprio del messaggio proveniente dal solito mittente sconosciuto. Intestazione azzurra, oggetto inesistente e il testo scritto in nero corsivo.

"Ciao Alex, so che questo è un momento difficile, ma prenditi un attimo per fare tue le mie parole. Vorrei svicolarti dalle apparenze, portarti alla realtà e risvegliare i tuoi sensi sopiti per parlare di una questione che ti sta molto a cuore. La morte è di tutti Alex, è un passaggio fondamentale e obbligato per ogni veicolo fisico che si trova a vivere una vita. Non la si comprende, è vero, perché cela misteri che ancora non siete in grado di capire pienamente, ma sappi che è solo un passaggio, una trasformazione. Costituisce il necessario spogliarsi di un vestito ormai logoro e poco utile, per continuare l'acquisizione di Coscienza di cui ti ho spesso parlato. Questo passaggio riguarda il corpo fisico, quello astrale e quello mentale in ugual misura, perché costituiscono i veicoli più grossolani della Coscienza stessa. La morte è una rinascita, un rinnovamento. Nel preciso momento in cui accade, toglie gli strati nei quali vi trovate a vivere, raggiungendo così il suo scopo, quello di liberarvi. E non c'è momento più adatto di quello in cui capita.

Niente è affidato al caos, niente è crudele e spietato, anche se lo può sembrare. La natura della morte è la stessa della vita. Devi sapere che non esiste un Universo punitivo e asettico, poiché tutto è strutturato secondo un preciso disegno che riporta ogni creatura al cuore di sé stessa, nell'intimo procedere delle conquiste che riguardano l'acquisizione di una sempre maggior comprensione. Ormai lo sai, ogni fase è un Sentire. Un Sentire dopo l'altro porta a una Coscienza più elevata in ampiezza. La vasta gamma di emozioni che sperimenta nel corso della vita, rappresenta il Sentire in senso lato che è sempre relativo e soggettivo. Esso si srotola nelle varie sequenze di fotogrammi necessarie al fine di portare l'individuo ad abbattere i propri limiti. In queste sequenze, rappresentazioni dell'esistenza, si susseguono numerose le emozioni positive e negative che danno forma alla vostra storia. Una di queste emozioni, forse la meno accettata e compresa, è il dolore, un sentimento spiacevole quanto utile alla vostra comprensione. Ti chiederai perché il dolore che ti è stato compagno di viaggio fino a oggi, sembra non mollare la presa. E ti chiederai anche perché il mondo che vivi è intriso della sua grigia essenza. Ebbene sappi che la sua natura è come quella delle altre emozioni che vivete, soggettiva e personale.

Ognuno ha il suo modo di vivere il dolore, di sperimentarne il sapore. Gli stessi eventi dolorosi per due o più individui possono essere percepiti diversamente e vissuti con più o meno intensità. Questo dipende da ciò che questi individui devono sperimentare per raggiungere un più ampio grado di Coscienza. Il dolore semplicemente fa parte di quella dualità alla quale hai pensato più volte e nella quale ti sei sempre sentita scomoda, per la tua innata capacità di percepirti come parte di un tutto. Non ami le categorizzazioni né essere categorizzata, questo lo so da tempo. Così come so che puoi capirmi ora, mentre ti parlo di un sentimento che ti è sempre stato compagno, ma col quale hai saputo giungere a una comprensione più vasta. È proprio questo lo scopo del dolore, quello di aprire la mente a una visione d'insieme che annulla le limitazioni. Il modo in cui arriva può essere devastante e spietato e chi soffre non vuole solitamente sentire ragioni, ma se lo si ascolta in profondità, così come si può ascoltare la gioia, porterà sempre a un traguardo che mirerà a scoprire vere parti di sé.

Potrà sembrarti un discorso banale, ma se ci pensi, quando il dolore prende forma in tutti i suoi aspetti, è necessaria un'introspezione, un fermarsi che altrimenti non avverrebbe. Proprio da questo "silenzio" interiore e da questa depressione sensoriale si potranno conoscere i propri limiti, che consistono in quello che ci condiziona e ci chiude la mente. Spesso dopo queste rovinose cadute ci si può rialzare più temprati di come lo si era prima, oppure si può continuare a crogiolarsi nel dolore, ma ciò avviene solo se il dolore è ancora necessario all'individuo per abbattere altri muri. Quindi il dolore è una porta, così come lo sono altri sentimenti, ma la differenza è che gli uomini concentrano la loro attenzione sulla sofferenza perché è qualcosa di sgradevole di cui vogliono presto liberarsi. Ecco la dualità, il buono e il cattivo concepito dalla mente umana. Un'altra delle vostre limitazioni.

La morte genera dolore perché si percepisce una separazione, un abbandono. Non esiste cosa più umana di questa ed è straziante assistere al dolore di una morte, benché sia un passaggio naturale. Ma ti voglio spiegare un altro concetto, che in parte già conosci quando ti ho parlato di reincarnazione. Sai che esiste una ruota delle nascite e delle morti e un continuo rinnovarsi dei vostri veicoli in una tendenza continua all'espansione della Coscienza. In questo rinascere e morire si srotola una legge che viene applicata a tutto: individui, tempo cronologico di rinascita, esperienze di vita e la morte *stessa. Questa legge l'hai già sentita nominare e si chiama legge del Karma. Cos'è il Karma? È la legge di causa ed effetto ed è quella a cui ogni vita fa capo per la scelta delle serie di fotogrammi che la struttureranno.*

Alcune religioni orientali l'hanno spiegata per sommi capi, dandole un'interpretazione ancora una volta molto umana. Solitamente il Karma viene concepito da queste religioni come una legge punitiva che si scarica sull'uomo quando commette azioni non propriamente altruistiche né finalizzate al prossimo. In pratica l'uomo per punizione dovrebbe rinascere in condizioni più disagevoli o addirittura come un insetto o un animale. Cosa non vera. In realtà il Karma è una causa che viene mossa dagli individui nel corso delle loro vite, sia volontariamente che involontariamente. L'azione spinta dai loro Sentire individuali si traduce in conseguenza non sempre verificabile in modo immediato, ma magari riscontrabile nel tempo (il vostro tempo cronologico) di più vite.

Mi spiego meglio: a qualsiasi azione corrisponde un effetto e questo ricade su chi ha mosso l'azione. Che tutto questo avvenga all'interno di una, dieci o cento vite, non ha importanza, perché il tempo di ogni individuo – come sai – è il tempo della sua Coscienza. Il Karma quindi può far vivere esperienze sia gioiose che dolorose ed è doloroso nella misura in cui l'individuo deve trascendere qualcosa di sé stesso. Le esperienze di vita, le sequenze di fotogrammi e i Sentire contemporanei e non contemporanei sono tutti effetti del Karma. E ancora una volta questa legge universale aiuta l'uomo a superare i suoi limiti e ad ampliare la sua Coscienza.

In altre parole esiste certamente un Karma che si riversa sugli umani in modo doloroso, eccome! Al-

trimenti nessuno capirebbe veramente la portata delle sue azioni. Però questo Karma non ha un intento punitivo, bensì lo scopo di far comprendere. Allora veramente non importa se non ricordate che cause avete mosso nelle vostre numerose esistenze, perché il Karma non è per la mente, ma per la Coscienza, dove tutto il vostro Karma è contenuto. E anche se non ricordate, ogni incarnazione che vivete subisce gli effetti del Karma che avete mosso e ne muove a sua volta altri. Per cui tranquilla, non rinascerai coleottero o bruco, resterai sempre in una dimensione umana perché è quella che hai conquistato con l'evoluzione della tua Coscienza e da quella non ti puoi discostare. Il processo evolutivo è sempre in crescita, da un meno a un più, pur non esistendo il trascorrere. Il tempo non è presente nel piano della Coscienza.

Dato che tutto è Karma, anche la morte lo è: tutte le morti improvvise, violente, oppure quelle lunghe e sofferte, l'età in cui avviene, la condizione di vita, il tempo cronologico. Tutto è dato dal Karma e tutto si ricollega a un processo perfetto di evoluzione. Non abbiate paura, perché tutto è concepito per il vostro bene, anche se a voi può non sembrare così. Ricorda sempre Alex, le vostre azioni sono pilotate da pensieri e da intenzioni. Le intenzioni sono il vero motore che muove il Karma, perché partono dal vostro intimo e lo guidano verso l'una o l'altra azione. Un'azione può anche risultare ad esempio eroica o rispettabilissima, ma ciò che conta è l'intenzione di chi l'ha provocata. E quest'intenzione non sempre è in linea con ciò che appare, con le azioni così come le vedete. È nell'intimo di ogni uomo che stanno le intenzioni e sono quelle il motore di tutto. Avere buone o cattive intenzioni (e qui ti semplifico i termini) cambierà sensibilmente il vostro Karma che non è un destino causato da fatti esteriori, ma è un processo di scrittura della vostra vita dato dalle intenzioni.

Ora ti vorrei parlare di un ultimo concetto, che riguarda i vostri Sentire una volta che hanno raggiunto una maturazione di Coscienza. Quando c'è comunanza di Sentire di Coscienza, abbiamo una contemporaneità che si traduce dopo la morte in una "fusione" di anime. Ma dove vanno a finire tutte queste anime che hanno un Sentire contemporaneo? Gran casino, vero Alex? Bè, la risposta è semplice: i Sentire di Coscienza contemporanei di più individui si fondono formando una Coscienza più ampia, la quale poi rinascerà nuovamente con i suoi veicoli mentale, astrale e fisico. Sì, hai capito bene, si fondono, diventando l'uno l'altro. In pratica si identificano diventando la stessa cosa, ma bada bene, nessuno dei Sentire precedenti più piccoli in ampiezza va perduto. Rimane vivente in un più grande Sentire, come se avesse una casa più spaziosa in cui potersi muovere. A questo livello i Sentire non sono più diversi e separati, ma hanno raggiunto un grado d'amore tale da comprendersi e identificarsi.

La forma più elevata di comprensione dell'altro infatti sta proprio nell'identificarsi con l'altro. Non si parla più solo di empatia, ma di qualcosa che va oltre. Io sono l'altro e l'altro è me. Amare vuol dire questo cara Alex, vuol dire Essere l'altro. Il vostro modo di amare infatti è solo un piccolo assaggio di quello che può essere il vero amore, cioè la reale identificazione con un altro Essere. Lo scopo delle fusioni/identificazioni è proprio questo. Dopo la morte ci si fonde, diventando un individuo che comprende in sé stesso altri individui, in una comunanza di Coscienza che come tale avrà meno limiti rispetto a prima, ma dovrà comunque abbatterne altri fino a giungere a identificarsi con il Tutto.

L'essere quindi sarà più evoluto e più libero anche nelle scelte delle sequenze di fotogrammi che andrà a vivere. Dopo ogni morte, quindi, in un certo senso, si impara davvero ad amare.

Sappi che quell'uomo e quella donna che hanno appena oltrepassato la soglia della morte, ti hanno visto e te ne sono grati".

Alex sollevò gli occhi dal testo e dal display troppo luminoso del cellulare. Era in auto e intorno vedeva ancora indaffarati i vigili del fuoco e la polizia, intenti a prendere misurazioni e a scrivere verbali. Lo scheletro della Polo distrutta ormai era vuoto. I due corpi erano stati portati via per primi e ora che aveva appena finito di leggere quel messaggio, le scesero ancora alcune lacrime.

Loro sono qui, intorno a me, proprio come queste persone in carne e ossa, pensò e schiacciò il palmo della mano contro il vetro del finestrino con lo sguardo rivolto a quell'ammasso di lamiere che aveva imprigionato le loro vite.

Sopra quella frenesia di movimento, di luci artificiali e di mezzi con le sirene accese, si stagliava la notte, buia con qualche stella qua e là a tracciarne i contorni. Una notte come tutte le altre, che aveva visto qualcuno morire e forse qualcun altro nascere in un'altra parte del mondo. L'alternarsi della vita e della morte, così come quella del buio e della luce, si accompagnava sempre a un'apparente indifferenza dell'universo, che forse invece non risultava così freddo e insensibile. Forse, secondo Alex, poteva seguire una vera legge d'Amore; e l'Amore fu ciò che in quel momento le riempì di più l'anima.

FINALMENTE TU

Alex e Cloe si recarono al Blue Moon in una serata stellata di dicembre. Finalmente si erano decise ad andare a trovare Dario, che nei giorni seguenti l'incontro con Alex, non aveva fatto altro che scrivere messaggi e insistere affinché si vedessero.
"Ok dai, facciamo un salto da Dario" aveva detto Alex a Cloe, anche se poco convinta.

Sarebbe stata comunque una serata diversa dal solito. Le stelle luminose del cielo erano di buon auspicio e prospettavano una serata limpida e tersa. Alex aveva cercato di metabolizzare i fatti accaduti quella disperata sera dell'incidente, cercando le risposte nelle parole che il suo invisibile amico le aveva scritto. Tutto poteva seguire un filo logico, tutto poteva essere così e Alex lo sperava, aggrappandosi ancora una volta alla bellezza della vita che con i suoi fatti sembrava sfuggente, crudele e poco comprensibile. Sperava di arrivare un giorno ad amare come le aveva descritto il suo amico nel messaggio, di concepire quel senso d'amore che includeva l'altro come vera e sentita parte di sé.

Arriverò ad amare veramente qualcun altro solo quando io sarò lui, pensava e osservava Cloe, con i suoi soliti movimenti bizzarri, le espressioni del viso che adorava e il gesticolare familiare che le dava sicurezza. L'amore che provava per lei pensava fosse puro e profondo. Si erano sempre comprese fino in fondo, fin nei minimi dettagli, senza quasi aver bisogno di parole. Ne era certa, quello che provava per Cloe era amore, ma forse la sua mente non poteva ancora concepire un senso d'identificazione così forte con un altro Sentire, per quanto ci si potesse in qualche modo avvicinare.

Era stupendo pensare che l'empatia, quella prima forma di amore umano, potesse trasformarsi in qualcosa di più esteso, di comprensivo. Ed era bello sapere che le differenze in una dimensione che andasse oltre a quella fisica, sarebbero state annullate a favore di un Sentire unico. In altre parole a favore di un Amore. Allora l'intero esistere poteva essere Amore. E poi lo scopo di stimolare la comprensione che aveva il dolore, la legge di causa ed effetto del Karma, tutto sembrava filare liscio senza intoppi né imperfezioni. Sembrava perseguire un ordine, un movimento a fin di bene.

Tornò a osservare Cloe, il suo profilo, i suoi capelli leggermente mossi e profumati. Allungò una mano sulla superficie del tavolo e prese la sua. La strinse leggermente tra le dita, avvertendone il calore e la forma perfettamente disegnata di ossa e muscoli. Si guardarono negli occhi un lunghissimo istante, parlandosi solo in quel modo e fu un contatto così intenso da annullare i rumori e le persone che gravitavano attorno a loro. Ecco nuovamente il senso del tempo acquisire un diverso scorrere, una diversa percezione. Loro due erano ferme in quel fotogramma che le vedeva entrambe presenti e partecipi, in un Sentire che probabilmente era più comunicante di qualsiasi altro. Lei e Cloe erano come una cosa sola, un unico organismo diviso in due differenti corpi; quella era la forma d'amore più elevata che Alex fosse mai riuscita a provare fino ad allora.

A distrarre Alex dai suoi pensieri, ci pensò l'odore del caffè amaro che aveva di fronte, che le investì le narici e la riportò nuovamente alla realtà. Staccò momentaneamente la mano da quella di Cloe, afferrò la tazzina bollente e disse: "Cloe, vorrei parlarti di qualcosa che mi è successo in questi mesi. Qualcosa di straordinario" disse, tornando a puntare gli occhi in quelli di Cloe e preparandosi finalmente a raccontarle tutto.

"Di cosa si tratta?" le chiese Cloe, visibilmente curiosa ma con un pizzico di preoccupazione a segnarle la fronte.

"Si tratta di alcuni messaggi che ho ricevuto via e-mail da parte di un mittente sconosciuto. Non ho ancora capito chi sia" fece una pausa, osservando Cloe aggrottare sempre di più la fronte e inclinare la testa da un lato. Non le diede il tempo di ribattere perché voleva arrivare al dunque senza lasciare nulla di non detto. "Mi ha scritto qualcosa che ancora fatico bene a comprendere, ma fino a oggi ho provato a capire e penso proprio che quello che ho letto possa dare un senso alla mia vita e a quella di molti".

Alex si spinse con il busto verso Cloe, per aumentare quella vicinanza che già sentiva ma che in quel momento voleva avere ancora di più. Una prossimità di corpo, mente e anima. Intorno, le luci blu del locale lanciavano il loro riverbero in giochi contorti di riflessi e ombre. Alex pensò che non potesse esistere luogo migliore di quello per raccontare a Cloe dei messaggi.

"Ehi Alex, Cloe! Venite qui, ho qualcosa per voi!" urlò Dario dall'altra parte del bancone di legno, muovendo freneticamente le braccia.

"Oh, no, proprio ora!" commentò istintivamente Alex, guardando Cloe e cercando in lei un appiglio, una soluzione quanto più rapida possibile.

Cloe osservò Alex, poi Dario, che continuava a urlare a squarciagola dal bancone, agitando due bicchierini pieni di un liquido strano colorato di blu. La guardò ancora una volta negli occhi e disse: "Dai, andiamo, altrimenti si offende. Finirai di raccontarmi dopo, ok?" e le cinse una mano, come a volerla attirare a sé.

"E va bè, se proprio dobbiamo" disse Alex con una smorfia del viso, assolutamente non convinta ad alzarsi, per quanto capisse la foga del suo amico che ne avrebbe davvero avuto a male se non si fossero mosse in quel preciso istante dal tavolo.

Fece per alzarsi e le cadde l'occhio sul cellulare appoggiato al tavolo, con la schermata già aperta sulla casella di posta nell'intento di far leggere i messaggi del suo amico misterioso a Cloe. Lo schermo si era acceso, in contemporanea al solito led blu lampeggiante, sulla posta in arrivo. Non si sbagliava, quello che vedeva era reale: la solita intestazione azzurra delle e-mail senza mittente.

Si voltò un secondo velocissimo in direzione di Cloe, che le stringeva ancora la mano. La bloccò un attimo e senza troppo pensare le disse: "Ne è arrivata un'altra Cloe. Ora proprio non posso alzarmi e venire al bancone da Dario. Perdonami, ma devo leggerla. Troviamo una scusa, una qualsiasi scusa, ti prego" e la puntò con gli occhi e con le mani, cercando in lei un valido motivo per cui stesse facendo tutto questo. Agì istintivamente, permettendosi di lasciarsi andare a quel trasporto che si traduceva in un desiderio intimo e impellente, come se il fatto di leggere quel messaggio le consentisse di respirare, di vivere. E forse in un certo senso era così.

Cloe le strinse ancora di più la mano, le sorrise e le rispose: "Tranquilla, siediti e leggi pure. Arriverai comunque tra poco. Nel frattempo dico a Dario che hai ricevuto una e-mail urgente dal lavoro. Però dopo voglio sapere tutto". Continuò a sorriderle, strizzandole l'occhio mentre si allontanava dal tavolo per raggiungere Dario, che saltellava impaziente dietro al bancone. Un autentico uomo molla.

Alex ebbe ancora la conferma, dopo undici anni, di quanto Cloe la sapesse comprendere e di quanto fosse sempre disposta a proteggerla, il più delle volte da sé stessa. Non l'avrebbe mai ringraziata a sufficienza e il minimo che poteva fare per lei, oltre ad amarla, era darle quella spiegazione, rendendola partecipe di un messaggio che andava oltre i confini della mente, del tempo e di qualsiasi altra concezione umana.

Pensava anche che fosse grazie a quei messaggi il fatto che Mr. Black si fosse praticamente volatilizzato, parcheggiato in qualche remoto angolo del suo inconscio. Lo sentiva ancora agitarsi inquieto, ma lo teneva a bada e più rileggeva quelle parole, più il suo oscuro profilo sfumava.

Si sedette di nuovo al suo posto, questa volta sola nella luminescenza delle luci dagli effetti ottici sfumati nello spazio del locale. Tutto era in penombra tranne lo schermo del suo cellulare, un azzurro limpido dai contorni netti. Aprì la e-mail e ne scorse il solito testo nero corsivo, scritto in modo fitto, come se non venisse utilizzata la normale tastiera di un PC. Non aveva mai fatto caso a quel particolare fino a ora, eppure doveva sempre essere stato così.

"Cara Alex, è giunto il momento di dirti chi sono.

Finora ti ho illustrato concetti che una mente come la tua sa elaborare in fretta, anche se sarà necessario rivederli nel tempo e non fermarsi nel grande processo della comprensione. Tieniti aperte le strade che vedrai e le intuizioni che ti sembrerà di cogliere perché la mente ha spesso bisogno di de-

strutturarsi per poi ritrovare una nuova sintesi a cui far riferimento. Ricorda che nessuno giunge mai a una comprensione massima. Tutti voi, nel corso della vita, dovete crescere, capire, svilupparvi e conoscere voi stessi più che potete e questo è un percorso che non avrà mai fine. Il viaggio è solo vostro, orientato dal Sentire più intimo che rappresenta voi stessi. Tutto prende corpo nel mondo di forme e dimensioni spazio temporali, partendo proprio dal vostro mondo interiore. È quello e solo quello a dare senso al vivere.

Ora, Alex, forse ti stupirai di ciò che sto per dire, ma chiedo alla tua mente di fare un ulteriore sforzo per comprendere. Io sono un Essere senza tempo, né dimora spaziale, né aspetto definito. Vivo nel piano Akasico della Coscienza dove non c'è nulla che scorre e dove i Sentire si unificano per crearne altri di maggior ampiezza. Questo non è un luogo ma uno stato d'essere e qui la realtà è diversa, seppur relativa rispetto all'Assoluto che alberga oltre questa dimensione. Qui ciò che esiste veramente è privo di corpo e strutture grossolane, è semplicemente puro nel suo essere vivo e presente. Io non ho sesso, né alcun'altra caratteristica che mi definisce come parte di un qualcosa. Sono un Sentire che possiede un'ampiezza tale da non aver bisogno di reincarnarsi di nuovo, perché ho compiuto il mio viaggio nei millenni e perché ho compreso.

Per quale motivo allora mi sono preso la briga di scrivere proprio a te? Perché sono IL TUO SENTIRE Alex. Sono te in una dimensione di tempo che non esiste, in una contemporaneità già presente anche ora, mentre mi stai leggendo. E tu sei me in una delle mie forme più strutturate, più fisiche, che dà corpo a un Sentire meno ampio. Faccio parte di quello che tu adesso concepisci come futuro, in un senso di proiezione che ti vedrà arrivare un giorno a essere me, priva dei tuoi limiti umani di cui ti sarai spogliata nel corso delle esistenze.

Io e te siamo la stessa cosa Alex, siamo lo stesso Sentire. Non sei disgiunta da me come non lo sei dal tuo cuore e dalle tue emozioni, dalla tua immagine allo specchio e dai tuoi pensieri. È per questo che conosco ogni centimetro del tuo Essere e ogni passaggio della tua vita. È per questo che ti amo di un amore che non conosce confini né limitazioni. Sei il mio nucleo, la mia essenza, il mio acerbo Sentire che troverà modo di ampliarsi e crescere. Conoscerai vari mondi e vivrai intere sequenze di vite e di fotogrammi prima di arrivare a me, ma sappi che ti aspetterò per sempre, in un per sempre che esiste già ora perché non ha tempo. È come se tu fossi già qui, dentro di me, come un piccolo frammento eterno.

Ti guiderò e ti amerò in ogni istante del tuo lungo viaggio attraverso le esistenze e ti insegnerò le forme dell'amore attraverso le esperienze che vivrai. Sarà così che imparerai ad amare i tuoi simili di quell'amore che sconfinerà sempre più fino a comprenderli in te stessa, fino a identificarti in loro. E sarà allora che avrai acquisito tutto il sapere necessario, ma non un sapere nozionistico, bensì una conoscenza omnicomprensiva.

L'Universo ha un solo grande motore, l'Amore. È da esso che proveniamo e da esso ritorniamo, in forme diverse e tramite percorsi differenti. Nell'Amore tu ritornerai e arriverai a essere l'Amore stesso.

Quindi vivi, emozionati e ama. Gioisci e ascolta il dolore che inevitabilmente dovrai attraversare per poter giungere a una più completa comprensione di te stessa. La vita è meravigliosa, è l'inizio di tutto in un esistere eterno.

Ti amerò per sempre Alex".

Le note di *"I'll Take You There"* dei The Staple Singers si diffusero nello spazio intorno, riempiendo l'aria carica della sera di energia frizzante e musica d'altri tempi. Alex si rese conto di adorare quella canzone mentre la voce calda della cantante si esibiva in un soul eccezionale. Un fascio di luce blu proveniente dal proiettore del locale la investì in pieno viso, giocando sulla linea degli occhi fino a scomparire verso il basso. Alex si sentì sospesa in quel frangente di tempo che forse era la sola a vivere, totalmente immersa in un crescendo continuo di emozione e incredulità. Ora sapeva, ora conosceva la vera identità del mittente misterioso, la sua provenienza, il suo autentico Essere.

"Sono io" ripeteva "lui o lei è semplicemente me".

Si accorse che una lacrima caldissima le stava rigando il viso, arrivando fino alle labbra, dove riuscì ad assaggiarne il sapore salato. Sorrise, osservando lo spazio davanti a sé gremito di gente che festeggiava, alzando bicchieri di vino e dandosi pacche sulle spalle. La normalità di quel momento le sfilò davanti, perfetta nella successione accuratissima di ogni dettaglio. Fece sue quelle immagini che le coloravano gli occhi, quella musica e quelle luci blu, il suo blu. Tutto era per lei, tutto si susseguiva per dare al suo corpo e al suo Sentire una collocazione.

Avrebbe voluto prendere ciascuna di quelle persone e dire loro di vivere sempre appieno. Avrebbe detto loro di non lasciarsi sfuggire nemmeno un secondo senza darsi la possibilità di provare emozioni. Infine li avrebbe abbracciati tutti, per sentirli dentro come fossero parti di sé. Se davvero la realtà era un'illusione e ogni vita seguiva una successione dinamica in cui i creatori delle esperienze erano loro stessi, allora tutto acquisiva un senso, uno scopo. Mai come in quell'istante Alex si era sentita un'unica cosa con quell'Essere che la rappresentava, quel Sentire così ampio e cosciente che le parlava da una dimensione distante, quella dimensione che risultava lontana solo ai suoi sensi. Erano lo stesso Essere in quel preciso lasso di tempo che non aveva né inizio né fine, perché eterno.

Sentiva l'Amore che li legava, quell'Amore che non aveva definizione alcuna se non quella di contenere e identificarsi. L'Amore senza sesso, né connotazioni, né senso del possesso, né inibizioni. Le lacrime continuarono a rigarle le guance, fino a perdersi nel colletto alto della felpa.

"Ti amerò per sempre Alex".

Quelle parole le vibrarono dentro, risuonando leggere e accarezzandola dappertutto. Prese un respiro profondo e odorò l'aria che sapeva di cibo e di qualche strana essenza speziata. Sentiva, poco distanti, le voci di Cloe e Dario ridere rumorosamente e si disse che avrebbe dovuto raggiungerli. Non era più il tempo a scandire i minuti della sua vita ma era lei consapevolmente a decidere il suo trascorrere.

Ora, più di ogni altra cosa, voleva vivere, voleva dire al mondo intero che la realtà percepita rappresentava solo una piccola parte e che esisteva davvero l'Amore. Voleva urlarlo contro il cielo pieno di stelle. Voleva Essere lei e solo lei, vera e semplice.

Voleva scriverlo nelle pagine di un libro, che avrebbe avuto un inizio e una fine, un ordine di parole e senso, ma solo perché doveva ancora essere così.

Finito di stampare nel mese di Febbraio 2018
per conto di Youcanprint *Self-Publishing*